ちくま学芸文庫

増補 アルコホリズムの社会学

アディクションと近代

野口裕二

筑摩書房

目次

増補　アルコホリズムの社会学

アディクションと近代

序章　アルコホリズムへの社会学的接近

社会学者が「アルコール中毒」の研究をしているといえば、「社会病理がご専門ですね」というのが長いあいだの決まり文句であった。実際、今でも、「社会病理学」のテキストには必ずといってよいほど、「アルコール中毒」に関する章が登場するし、「社会病理」という言葉を説明するときの例示としても、「アルコール中毒」は、犯罪や非行と並んで欠かせないもののひとつとなっている。つまり、「アルコール中毒＝社会病理」というのが、長いあいだ、社会学における常識であった。

しかし、よく考えてみれば、「アルコール中毒」を「社会病理学」の専売特許のように考える必要はどこにもない。これまではたしかに、そうした常識が支配的であったといえる。しかし、そのことは、それとは異なる文脈に位置する研究が困難であるとか、価値がないということを意味するわけではない。むしろ、「アルコール中毒＝社会病理」という一見わかりやすい図式が、それ以外の検討に値する多くの問いを封じこめてきた点こそが反省されなければならないであろう。

このわかりやすい図式は、次のような大切な問いを封じてしまう。「アルコール中毒はなぜ社会病理なのか」、「どこが社会病理なのか」といった問いである。そもそも、この問いは、「社会病理とは何か」という本質的な問いに直接つながるものであり、おそらく、そうであるがゆえに、これまで正面から問われることがなかった。アルコール中毒とは社会病理であり、社会病理とはアルコール中毒のようなものであるという了解が、明らかに循環論法であるにもかかわらず、というよりも、循環論法であるがゆえに、重要な問いの存在を隠蔽する便利な符丁として流布してきたのである。

したがって、「アルコール中毒＝社会病理」という思いこみからまず自由になる必要がある。これが本書の出発点である。この常識をいったん括弧にいれること、そこからすべての議論は出発する。そして、この常識からどれだけ離れることができるか、離れた地点において何を見出すのかが、問われるべき課題となる。

その意味で、まず、「アルコール中毒」という手垢にまみれた用語から離れることにしよう。医学的診断名としては、すでに、「慢性アルコール中毒」という用語は用いられず、「アルコール依存症」という用語が一般的になっている。しかし、この用語も、医学サイドの価値判断を色濃く反映してしまう。そこで、本書では、疾病概念としての側面を強調する場合を除いて、アルコホリズム（alcoholism）という、英語圏で最も一般的で日常的な言葉を用いることにする。この言葉は、幸い、日本ではあまり知られておらず、そのぶん、ニュートラルな響きがある。また、alcohol-ismという表記に明らかなように、この用語はもともと「アルコール主義」と訳せるような意味あいをもっている。自由主義(liberalism)や社会主義(socialism)と同じく、アルコールを最も大切なものと考える態度や生き方という意味である。この意味あいを前面に出すことで、さまざまな価値判断から比較的自由な地点をひとまず確保することができる。

さて、それでは、アルコホリズムが「社会病理」でないとすると、それは一体何なのか。この問いは、アルコホリズムに対する社会学的アプローチにはどのようなバリエーションがありうるのかという問いに置き換えることができる。そして、このようなバリエーションとしては、次の四つのアプローチが可能であると考えられる。第一は、逸脱論的アプローチ、第二は、医療社会学的アプローチ、第三は、臨床社会学的アプローチ、そして、第四は近代社会論的アプローチである。以下、順に説明していこう。

1 逸脱論的アプローチ

このアプローチは、従来の社会病理学的アプローチと最も密接に関係しながら、実は最も遠いところに位置するものであるといえる。従来の社会病理学的アプローチが、アルコホリズムを社会の病んだ部分そのもの、あるいは、病んだ部分の反映や帰結として捉えるのに対して、逸脱論的アプローチは、アルコホリズムを病理とみなす考え方がどのようにして社会的な信憑性を獲得し、われわれの「常識」となってきたのかを問うものと規定することができる。アルコホリズムが社会病理であるかどうかという判断は括弧にいれられて、アルコホリズムを社会病理とみなす考え方それ自体が問われるのである。

逸脱研究の歴史にも明らかなように、逸脱現象の説明図式は、逸脱者の性格や身体的特徴などの個人的属性に原因を求めるところ（古典的犯罪学）から出発し、逸脱者を生み出す家族背景や地域社会などの環境要因や制度的要因への注目（社会病理学）へと視点を移し、さらに、統制者側の対応の仕方や法の執行装置など統制者側の要因を重視する視点（ラベリング理論）を経て、ある種の現象が逸脱現象として社会的に構成される過程に注目する方向（構成主義）へと視点を移動させてきた。

こうした視点の移動は、まさに、病理という実体の存在を括弧にいれ、それを限りなく相対化する方向への移動であったといえる。あらかじめ客観的に病理とみなしうる現象が存在するのではなく、社会が「病理」というカテゴリーを制作する。ラベリング理論において果たされた視点の移動は構成主義においてさらに徹底され、直接的な統制者ではなく「社会問題」や「社会病理」を主張する社会運動家やマスコミこそが逸脱現象の生みの親であるという視点を開いた[1]。

さらに、この視点は、社会病理学者が社会病理現象の専門家として果たしてきた役割をも分析の射程におさめる。もっとわかりやすくいえば、社会病理学者がアルコホリズムは社会病理だと言うからアルコホリズムは社会病理であるという「常識」が信憑性をもつようになった可能性をも検討する。逸脱論的アプローチは、その系譜において、社会病理学の乗り越えとして登場しながら、社会病理学そのものを研究対象にしてしまう理論的射程をもっているのである。この意味で、逸脱論的アプローチは、社会病理学と密接に関係しながら最も遠いところに位置するものといえる。

こうした視点に立つとき、問題は、なぜ、アルコホリズムは社会病理とみなされてきたのかというかたちをとる。どのような日常的な相互作用やドラマトゥルギーがこの信憑を成り立たせ、支えてきたのかがまず検討されなければならない。その際、スティグマの成り立ちとその現実的な意味とが重要な手がかりとなるはずである。また、どのような言説やレトリックが、この常識を成り立たせてきたのか、他の常識や規範との相互関係において、この常識はどのような布置関係にあるのか、といった問題も問われなければならない。さらに、この常識の成立にどのような社会運動やキャンペーンが関与してきたのかも明らかにされなければならないであろう。この最後の視点は、アルコホリズム概念の歴史的変遷を跡づける作業へとつながる。そして、この視点は、次に述べる医療社会学的アプローチと大きく重なりあってくる。

2　医療社会学的アプローチ

医療社会学には、医療の制度や実践を研究対象にするという側面と、医療実践に社会学的知見や分析を応用する側面の二つのアプローチが本来含まれている。この二つの側面は、「医療の社会学」(sociology of medicine) と「医療における社会学」(sociology in medicine)[2]として区別され、しばしば、議論を呼んできた。両者はもちろん密接にかかわりあい重なりあう関係にあるが、現在では、この研究が最もさかんなアメリカにおいて、何も限定なしに医療社会学という場合には前者の「医療の社会学」をさすのが普通になっており、標準的なテキストの構成も前者を中心にしている。そこで、ここでも前者の意味で用い、後者の意味は次に述べる臨床社会学的アプローチにおいて論ずることにする。

ある現象が、医療によって処理すべき問題だとみなされるようになることを、医療社会学では「医療化」(medicalization) と呼ぶ。医療化とは、かつては、家族や地域社会、あるいは、教育や司法や宗教などの領域によって担われてきた現象が、医療の管轄下に置かれるようになることを意味する。近代以降、医療化がさまざまな領域で強力に推し進められてきたことは、身の回りのことをちょっと考えれば明らかである。お産や死は、ほんの数十年前までは、家庭のなかで起こるできごとであったが、そのことがつい忘れられてしまうほどに、今では、病院内での出産と死亡が当たり前になっている。あるいは、登校拒否や家庭内暴力の相談が精神科医のところへ持ち込まれることに違和感を感ずることもあまりなくなっている。

アルコホリズムはいつから病気になったのだろうか。この問いは、現代においては、ある意味で陳腐であり、ある意味で刺激的な問いであろう。アルコホリズムは、現代の日本において、「アルコール依存症」という診断名をもち、そのための専門病院やクリニックにおいて、日々、診断や治療がおこなわれている点で、まぎれもない病気であるといえる。しかし、一方で、酒を飲み過ぎたり、やめようと思ってもやめられないというのは、病気というよりは、そのひとのこころがまえや性格の問題、あるいは、道徳的な問題であって、病気というのとは少し違うのではないかという思いもどこかでくすぶり続けている。

実際、アルコホリズムが病気とみなされるようになったのは、後で述べるように、それほど古いことではない。そして、今でも、病気であるようなないようなどっちつかずのイメージを引きずったままである。アルコホリズムがどのような歴史的経緯のもとで病気とみなされるようになったのか、あるいは、なぜ、いまだに完全に病気になりきれないでいるのかを問うことは、医療社会学における重要かつ正統なテーマのひとつとなる。

同時に、このテーマに関連して、現代社会において病気になることの意味、病人になることの意味という、もうひとつの重要な医療社会学的テーマが浮上する。病気は、単に、医師の診断によって自動的に決定されるものではない。患者がその診断に従い、それにふさわしい役割や義務を引き受けること、つまり、病人役割（sick role）の遂行によってはじめて、社会学的な意味での病人が誕生する。[3] アルコホリズムにおける病人役割のありよう、さらに、それに対する社会的な相互作用が、社会のマクロな構造レベルとの関連において検討される必要がある。そして、このテーマは、必然的に、アルコホリズムにおける「医師―患者関係」（doctor-patient relationship）の特質の分析や、「専門家支配」（professional dominance）[4]の分析へとつながる。そして、次に述べる臨床社会学的アプローチと重なり合う問題領域を構成する。

3　臨床社会学的アプローチ

臨床社会学は、医療や福祉などの臨床実践に社会学の理論や知見を応用するアプローチである。[5] 臨床社会学という用語は、日本ではあまりなじみがないかもしれないが、アメリカでは数十年に及ぶ歴史があり、専門の学会も組織されている。[6] 前述の「医療における社会学」（sociology in medicine）を主要な領域として含みつつもそれだけにとどまらず、教育、司法、労働、経営、福祉などの実践領域をもフィールドとする。それはまた、理論と実践の往復運動の必要性というよく知られた原理を、文字どおり追求しようとするひとつの方法論的立場でもある。既存の社会学的知は現実の場面でその切れ味をテストされると同時に、現実に解くべき問題の所在をつきとめることによって新たな社会学的知の展開が触発される。

アルコホリズムの臨床に社会学を応用する際に、まず第一に注目されなければならないのは、セルフヘルプ・グループの存在であろう。ＡＡ（Alcoholics Anonymous）や断酒会の名で知られるセルフヘルプ・グループは、医療からも福祉からも独立したヴォランタリーな集団でありながら、いまや、アルコホリズムの回復援助プログラムにおいて欠かすことのできない存在となっている。このグループのなかで、一体何が起きているのか、回復と呼ばれる変化がどのように生じているのかをミクロ社会学的に分析することは、臨床実践の指針や技法をより豊かなものにするのに貢献するはずである。

また、マクロな視点から、セルフヘルプ・グループが社会システムにおいてもつ意味を問うことも重要な課題である。セルフヘルプ・グループは、医療や福祉という専門家セクターではないにもかかわらず、「回復」や「援助」という医療や福祉が果たすべき機能を現実に果たしている。このことは、専門化と専門家支配という現代に普遍的な趨勢においてきわめて稀な例外的現象であり、専門家支配の今後のゆくえを占ううえでも貴重な手がかりを提供するはずである。また、セルフヘルプ・グループはその名前が示すとおり、「自助」のための集団であって「互助」のための集団ではない。集団や組織といえば「互助」という常識に反するこのネーミングは、援助とは何かという大きな問題があまりにも自明にみえるがゆえにこれまでまともに問われてこなかったことを示唆する。そして、この問いは、人間の共同性のありよう、共同態のありよう、すなわち、コミュニティ論の文脈へと直接つながっていく。

また、病院やクリニックにおける集団精神療法についての社会学的分析も必要である。セルフヘルプ・グループの成功に影響されて、病院臨床においても、集団療法は治療プログラムの中核となるに至っている。集団療法に参加した個人が、そのなかでどのような経験をし、それが回復と呼ばれる変化とどう結びつき、さらに、そうした変化がどのように維持されるのかというテーマがここに浮上する。小集団におけるダイナミクスという観点からも、また、ミクロな相互作用や相互作用儀礼に基づく社会的秩序の生成という観点からも、さらに、自己論やアイデンティティ論の文脈においても、社会学の基本的関心とふれあうものといえる。

さらに、医療、福祉、セルフヘルプ・グループなどの援助実践にかかわるいくつかの主体が、相互にどのような関係にあり、どのようなネットワークを構築しているのか、あるいは、構築しうるのかというテーマも重要である。近年のアルコホリズム臨床の流れは明らかに、かつてのような専門病院で何もかも処理しようとする「病院完結主義」から脱して、地域のさまざまな援助主体の緊密な連携に基づく「地域連携主義」へと移行してきた。このような、援助システムの変化のもつ意味と今後の可能性についての分析もまた臨床社会学の重要なテーマとなる。

4　近代社会論的アプローチ

以上の三つのアプローチによって、アルコホリズムという現象の輪郭はかなりの程度浮かび上がってきたはずである。しかし、まだ、すくい切れていない重要な問いが残っている。それは、「ひとはなぜ、繰り返し、酔いを求めるのか、そして、なぜその状態からの脱出が困難なのか」という問いである。アルコホリズムの本質にかかわるこの問いは、そもそも、精神医学や心理学あるいは神経科学において問われるべきものであって、社会学の守備範囲ではないと思われるかもしれない。実際、それらの科学においては、それなりに説得力のある解答がすでに用意されているはずである。たとえば、精神医学なら病的な人格構造、心理学なら孤独感や無力感、神経科学なら神経系の変性、といった具合に。

しかしながら、この問いは、実は、社会学にとってもきわめて魅力的な問いであることに気づく必要がある。アルコホリズムは、生理学的・心理学的現象であると同時に、社会のなかで発生し社会のなかで回復する社会学的現象でもあるからである。また、アルコホリズムが精神医学や心理学や神経科学によって主として検討されてきたという社会的事実それ自体も、社会学にとって興味深い検討課題となる。

この問題を社会学的に考えるうえで忘れてはならないのは、アルコホリズムが問題視されるようになったのが主として近代以降であるという点である。産業革命以降、アルコール飲料の大量生産が可能になり、その入手が容易になったという外的な条件の変化とともに、それまで飲酒行動を規制していた社会的規範が変容し、新たな飲酒規範、飲酒文化が登場したという背景要因を無視するわけにはいかないであろう。しかし、これらは、飲酒行動一般に影響する要因であって、アルコホリズムそのものを直接説明するものではない。離脱症状（＝禁断症状）などの生理学的変化を生むほどの過度の飲酒がなぜ生じ、かつ、そこからの脱出がなぜ思いのほか困難であるのか、そして、そこからの脱出がなぜ、セルフヘルプ・グループにおいていち早く成功したのかということが社会学的に説明されなければならない。

この問題を解く手がかりは、実は、これまでみてきた三つのアプローチのなかに隠されている。アルコホリズムにつきまとう独特のスティグマの存在、そのスティグマをめぐって繰り広げられる独特の攻防戦、アイデンティティの変容、そして、「回復」と呼ばれるアイデンティティの再構成の過程は、近代社会を貫くいくつかの基本原理と密接に関係している。近代社会においてわれわれは近代的個人であることを強制されるということと、これらのスティグマやアイデンティティのありようとは、実は、表裏一体の関係にあると考えられる。この意味で、アルコホリズムはきわめて近代的な現象であり、アルコホリズムという現象が逆に近代社会のありようを照らし出すとさえいえるのである。

さらにこの視点は、最近注目されてきたアディクション（嗜癖）と呼ばれるさまざまな現象や「共依存」という新たな臨床概念が、アルコホリズムと同じ原理から生ずるものであるのかどうかという問題をも射程にとりこむ。すなわち、これらの新しい現象や概念を、近代と脱近代という文脈において検討すること、近代性と脱近代性を考える素材としてアルコホリズムに接近することが、このアプローチの重要な課題となる。

5　アルコホリズムの社会学のために

以上の四つのアプローチは、相互に重なりあいながらも、独自の問題意識に導かれながら、社会学の基本的な問題領域を構成する。四つのアプローチに共通するのは、「社会病理」という判断をひとまず括弧にいれる点である。こうすることによって、アルコホリズムという概念が、どのようにして社会的に構成されてきたのかという問題が検討可能になる。いずれのアプローチにおいても、アルコホリズムは、「社会病理」そのものとしてではなく、「社会病理」という判断をたまたま背負わされてしまったひとつの社会現象として扱われる。

逸脱論的アプローチでは、「社会病理」という信憑の根拠それ自体が重要な検討課題となり、医療社会学的アプローチにおいては、アルコホリズムの処理の主体の歴史的変遷を通して、この現象の歴史的社会的性格が明らかにされる。臨床社会学的アプローチでは、臨床実践のミクロ、マクロを通して、「社会病理」という判断がこの現象の発生と経過およびその帰結にどのような影響を及ぼすかが検討され、近代社会論的アプローチにおいては、近代社会の成り立ちという視点から、この現象のもつ意味が検討される。四つのアプローチを通じて描き出されるアルコホリズム像は、われわれが慣れ親しんだ常識的なそれとはかなり異なるものとなるはずである。

もちろん、アルコホリズムに対する社会学的アプローチがこれですべて網羅されたと主張するつもりは毛頭ない。このほかにも、有効な視点はあるはずである。また、これらのアプローチが、あらゆる価値判断から自由であり中立的で客観的であると主張するつもりもまったくない。そもそも、そのような研究はありえないというのが筆者の基本的立場である。

大切なのは、おそらく、現象に対する認識はすべて歴史的な構成物であるという視点であろう。どれほど科学的と称する研究でも、そうした歴史的構成物を素材にして出発せざるをえず、また、結局は歴史的な構成物のなかへと回収されざるをえない。われわれにできることは、そうした歴史的構成のありようを明るみに出すこと、そして、それが他の歴史的構成物といかなる布置関係にあるのかをできるだけ丹念に洗い出していくことに尽きる。そして、あまりにも自明に見えて動かしがたく感じられる認識や概念が、現象そのものの成り立ちを循環的に支えており、その循環からの脱出を困難にしているとするならば、その自明性をずらしてみること、そして、脱出の道筋を考えてみることは、実践的に意味のある仕事となるであろう。

本書は一一の章から構成されている。序章に続き、第1章は、アルコホリズムに付着するスティグマの成り立ちを問うもので、今まで述べてきた四つのアプローチのなかでは、逸脱論的アプローチに属する。第2章は、アルコホリズムの医療化の過程をアメリカでの歴史的展開に基づいて検討するもので、医療社会学的アプローチに属する。第3章、第4章、第5章はセルフヘルプ・グループに関するもので、臨床社会学的アプローチに含めることができる。第6章、第7章、第8章は、集団精神療法と地域ネットワークに関するもので、これも、臨床社会学的アプローチに位置づけられる。最後に、第9章と第10章では、「共依存」と「アディクション」という二つの注目される概念が、近代社会の成り立ちという大きな枠組みのなかで論じられる。これは、いうまでもなく、近代社会論的アプローチに属する。

以上の内容からわかるとおり、これまで論じてきた四つのアプローチは、整然と分割されぞれ平等の比重で扱われているわけではない。明らかに臨床社会学に偏った構成になっている。その理由は、臨床場面での有効性という基準を最優先に仕事をしていた時期に書かれたものが多いという事情による。つまり、社会学者ではなく臨床家を主な読者と想定して書かれた文章が相対的に多くなっている。

しかし、臨床的なテーマに接近しようとするとき、この戦略は、ほとんど不可避のものと考えられる。臨床家に対する何らかのフィードバックなしに、臨床現場に継続的に立ち入ることはきわめて困難だからである。つまり、確かな現象にふれるためには、臨床社会学の立場を前面に出さざるをえないという現実がある。こうした現実のなかで求められるのは、臨床的リアリティと社会学的関心とをいかにバランスさせるかということであろう。臨床的リアリティをいったんは臨床家と共有したうえで、それを社会学の視点から相対化していくこと、臨床的世界に浸りつつ社会学の言語で語ること、これが、本書に課せられたもうひとつの課題である。

〔参考文献〕

(1) Kitsuse, J. I. and Spector, M. B.: *Constructing social problems*, Cummings Publishing Company, 1977.(村上直之・中河伸俊・鮎川潤・森俊太訳『社会問題の構築:ラベリング理論をこえて』マル

ジュ社、一九九〇年）
（2）Straus, R.: The nature and status of medical sociology, *American Sociological Review*, 22 (2), 200-204, 1957.
（3）Parsons, T.: *The social system*, Free Press, 1951.（佐藤勉訳『社会体系論』青木書店、一九七四年）
（4）Freidson, E.: *Professional dominance: The social structure of medical care*, Atherton Press, 1970.（進藤雄三・宝月誠訳『医療と専門家支配』恒星社厚生閣、一九九二年）
（5）野口裕二「臨床社会学の方法と可能性」保健医療社会学論集、五号、四六―五一頁、日本保健医療社会学会、一九九四年。
（6）Rebach, H. M. and Bruhn, J. G.: *Handbook of clinical sociology*, Plenum, 1991.

I　逸脱と医療化

第1章　アルコホリズムとスティグマ

はじめに

まず最初に、「アル中」、「アルコール中毒」、「アルコール依存症」という三つの言葉を並べてみよう。どれも似たようなものであり、どこがどう違うのかよくわからないというひとでも、「アル中」にはどこか蔑視のにおいがあり、「アルコール中毒」ではそれが多少薄らいで病名らしくなり、「アルコール依存症」はまさしく医学的診断名らしいというニュアンスの違いくらいは感じとれるはずである。ここで蔑視のにおいと表現したものが、スティグマ（Stigma）にほかならない。スティグマを辞書でひくと、汚名、恥辱、烙印といった訳語が並んでいる。つまり、なんらかの状態をもつひとに対して付与された好ましくないレッテル、あるいは烙印を意味している(1)。

右の三つの言葉は、多かれ少なかれスティグマをともなっており、したがって、いずれにせよ、あまり「良い病気」ではないというのが大方の印象であろう。病気に良いも悪いもないと思われるかもしれないが、実はわれわれ自身、良い病気と悪い病気とを区別している。それは、すべての病気がひとに言える病気なのではなく、ひとに言えない病気、言いにくい病気が存在することからみても明らかである。たとえば同じ感染症でもカゼと性病とでは社会的反応や扱いがかなり異なってくるから、その病名を告白するときのためらいの度合いも大きく異なる。病気には、医学的生物学的な側面だけでなく社会学的側面があり、病気の種類ごとに異なる社会的反応が付随してくるのが普通である。

そうしたさまざまな社会的反応のうち、好ましくないもの、ネガティブなものがスティグマである。「アル中」という言葉にはスティグマが染みついている。「アルコール依存症」という言葉は一見スティグマを脱色したように見えながら、「結局はアル中のことか」と翻訳された途端にスティグマを蘇らせる。したがって、以後の議論では、特にスティグマの存在を強調する場合を除いて、アルコホリズム（Alcoholism）という言葉を用いて議論を進めてゆこう。

1　なぜスティグマをともなうのか

それでは、なぜ、アルコホリズムにはスティグマがともなうのだろうか。理由はいくつか考えられるが、その第一は、「自業自得のイメージ」であろう。好きで飲んだ酒で病気になったのだから仕方がないという例のお定まりの反応である。それは、本人に何の責任もないのにいつの間にか冒されてゆく公害病などの難病に接したときにわき起こる感情の対極をなしており、同情の余地のないものとされやすい。しかも、酒がきわめて身近なものであり、多くの人々はそれとうまくつきあっているという事実が余計に評価を厳しくさせるようである。

第二に「とらわれのイメージ」である。「中毒」という言葉は「一酸化炭素中毒」のように純粋に生物学的な実態を指す一方で、たとえば覚醒剤中毒患者が強迫的に自分の腕に注射を繰り返しうつようなシーンをも連想させる。また日常用語としては、「仕事中毒」、「競馬中毒」というように、あるものに夢中になり過ぎとらわれている状態を指して使われる。医学用語としての「アルコール中毒」が日常語化するにつれ、これらのイメージとも相まって、とらわれたまま抜けだせないという蟻地獄のようなイメージが肥大して広まったものと思われる。

第三に「逃避のイメージ」である。つらいことや悲しいことを酒で癒す、酔って忘れるという演歌でおなじみのイメージがある。厳しい現実に直面してそれに前向きに取り組むのではなく、たとえ一時的にせよ逃避し撤退する後ろ向きのイメージがそこにはある。

第四に「落伍者のイメージ」である。このイメージもいまだに強烈であり、「アル中」というと、駅の通路や地下道にすわりこんで酒盛りをする人々、段ボールを寝ぐらにしていつも酔っぱらっている人々のことだと思っているひとは少なくない。そして、働いて稼いで食べていくという最低限の社会的ルールを守らないひと、そのルールからはずれてしまった人々という評価が下されがちである。

このほかにも、好ましくないイメージはまだあるかもしれない。以上の四つのイメージは、一般的ではあるが、ある意味で傍観者的であり、身内や知人にアルコホリックがいる人にはもっと生々しいイメージがあるはずである。たとえば、それは「暴力」であったり、「わがまま」であったり、「嘘つき」であったりする。こうした、さまざまな否定的イメージに彩られて、アルコホリズムは、ひとに言いたくない、スティグマの付着した病気としてわれわれの社会に存在している。

2 「意志の病」というスティグマ

以上のいくつかの否定的イメージは、アルコホリズムに陥る過程、および、陥った状態に対して主として抱かれるイメージである。「自業自得」と「逃避」はアルコホリズムに陥る過程に言及しているし、「とらわれ」と「落伍者」は陥った状態に関するものといえる。これに対して、その状態を克服できないことに対するスティグマがもうひとつ別に存在する。「意志薄弱」というスティグマである。周知のごとく、アルコホリズムから脱するためには、アルコールといっさい縁を切る以外に根本的な解決策はない。どんな理由があろうと決して一滴の酒にも手を出さないことが、回復の必要条件であり第一歩となる。という意味では、回復のためにまずすべきことはすでに自明なのである。事実、アルコホリック本人も何度となく「もうやめよう」と決意し家族に断酒を誓ったりする。にもかかわらず、またもや一杯に手が出て、それが一杯では済まなくなり元の木阿弥ということが繰り返される。この状態に対して下される判定が「意志薄弱」にほかならない。いったん決意し誓ったことが守れないのは、守り通そうとする意志が弱いからだとみなされるわけである。

この判定を下すのは、アルコホリックの家族や会社の同僚たちばかりではない。アルコホリックのことをよく知らない専門家（医師やその他の医療関係者、あるいは福祉関係者）も、きわめて当然のごとくにこの判定を下す。そして、「もっと、意志を強くもって、もう一度やり直しましょう」といった助言をすることになる。あるいは、強い意志をもち、それを持続させるために、「奥さんや子どもが可愛そうではないか、子どものためにも頑張らなきゃいかん」といった説得が繰り返される。そして、本人もいったんはその気になってやり直しを誓う。ところが、しばらくして再度飲酒に陥ると、「やっぱり意志が弱かった」ということになる。説得がいわゆる説得力をもつものであればあるほど、それが果たされないときには、意志がどうしようもなく弱いことが証明されてしまうわけである。こうして、アルコホリックとは人並みはずれて意志の弱い人種であり、したがって、アルコホリズムとは「意志の病」であるという人々の信念は、見事現実となって立証される仕組みになっている。

ここで注意すべき点は、この「意志の病」という信念が誤りであることが、決して証明されない論理的構造になっている点である。もし仮に、このアルコホリックが断酒に成功したとしよう。彼は、実は強い意志の持ち主であったわけで、つまり本物のアルコホリックではなかったという解釈がされるであろう。一方、再度飲酒したとしよう。やっぱり意志が弱い、正真正銘のアルコホリックだという解釈になる。飲むにしろ、飲まぬにしろ、いずれの場合でも、アルコホリズムは意志の病であるという信念は少しも侵されずに済むのである。そして、現実にはやめられない場合のほうが圧倒的に多いから、この信念はますます揺るぎないものになってゆく。「意志の病」というスティグマは、アルコホリックたちの姿を通して、より確からしいものとなり、われわれのアルコホリズム観の核を形成する。アルコホリズムに関するスティグマは、単なる現象記述ではなく、このような因果的・解釈的な評価によって補強され、われわれの社会により根深く浸透するのである。

3 「意志の病」というフィクション

ところで、スティグマは一般に、われわれみずからがスティグマを付与される状態に陥らないように予防線を張るという積極的な一面ももっている。スティグマを付与されるのを好むひとはあまりいない。「酒豪」という評価には気をよくしても、「アル中」という評価には眉をひそめることが多い。つまり、「アル中」と呼ばれたくないという意識が、アルコホリズムに対する防波堤となって、日常的な飲酒行動をなんらかのかたちで規制していると考えられる。もし仮に、アルコホリズムに付着したスティグマが純粋にこのような予防的役割だけを果たしているのならば、スティグマにも一片の存在価値があるといえよう。しかし、アルコホリズムのスティグマは、そこに「意志の病」という解釈が含まれることによって、アルコホリック本人の回復にきわめて重大な悪影響を及ぼしている。

その影響は、まず何よりも、アルコホリック自身の自己規定、自己イメージにあらわれる。最初はあれこれと理由をつけて飲酒を正当化していても、何度か断酒を試みては失敗するうちに、「自分はなんて意志の弱い人間なんだろう」という思いが頭をもたげてくる。このことは、入院したての患者のお決まりの挨拶、「これからは強い意志をもって断酒に励みます」のなかにも見てとることができる。つまり、ほとんどのアルコホリックは、世間一般の評価どおり、みずからを意志の弱い人間と自己規定している。あるいは、少なくとも他人に対してはそのように自己規定してみせるべきだと思っている。しかし、ここに重大な落とし穴が潜んでいる。それは、次の三つのレベルで危険性をもつ。

まず第一に、単純な事実として、意志の強さなるものが客観的に測定できないことである。アルコホリックとそうでない人でどちらが意志が強いかというデータはどこにもないし、そもそも測定の方法がない。アルコホリックが意志が弱いという証拠はどこにもないのである。

第二に、仮に測定ができたとしても、意志を強くする方法と呼べるものが確立されていないことである。そのような方法が仮に存在するとしても、個別性の域を出るものではなく誰にでも適用できる保証はない。また、そのような方法の伝授を精神科医に期待してもそれは見当違いであろう。意志を強くする方法は精神医学の教科書にも載っていないからである。つまり、意志を強くしたいと思ってもその方法は簡単には見つからない。よほど強い意志の持ち主でないと、それを見つけ出すのは困難であるという逆説が待っているだけなのである。

第三に、これが最も本質的なのだが、意志が強くなったことの確認がきわめて困難でありかつ不安定であるという点である。結論から先に言えば、飲酒欲求の抑制という困難な任務を意志だけに押しつけることは、永遠の闘いをアルコホリックに強いることを意味する。たとえば、ある期間、なんとか断酒に成功したとしよう。それは、まさしく意志の力の勝利を意味するわけだが、さらに時間をおいてなお勝利を確信するにはそれだけでは不十分である。強い意志ゆえに断酒が続いているのか、あるいは何か別の原因で偶然続いているのか判断することができないからである。意志の強さによることを確認するためには、より危険性の高い状況に遭遇して、それを乗り切ってみせる以外に証明の方法がない。そうでなくては、本当に意志が強くなったかどうか、つまり本当に治ったのかどうか確かめられないというのが、「意志の病」という規定のもたらす論理的帰結なのである。

かくして、アルコホリックたちは次々とみずからに難題を課し挑戦を始める。たとえば、「盛り場を歩いてみて飲み屋に入らないこと」、「退院後、真っ先に病院前の酒屋の自動販売機の前に立ってみること」、「アパートの自室で、高級ウイスキーをテーブルの上において飲まずにまたしまうこと」、といった苛酷な実験を始めるのである。これらはすべて筆者が患者から直接聞いた話である。そして、どれも、意志がどのくらい強くなったか確認したいという切実な欲求から発したものであることは明らかであろう。もし仮にこれらの挑戦に敗れた場合、それは、単に「まだ意志が弱かった」ことの確認にとどまらずに、より困難な課題への挑戦に向かわせるところが重要な点である。もしそれが乗り越えられれば、前の失敗を帳消しにできると彼らは考えるのである。こうして、勝つにせよ負けるにせよ、闘いは果てしなく続く。アルコホリズムを「意志の病」と規定することは、このような苛酷な挑戦をアルコホリックに強いること、そして、挑戦を続けざるをえない状態に追いこむことを意味するのである。その帰結があまりに危険の多いものであることは明らかであろう。「意志の病」という規定は、その測定方法や強化方法のレベルで無意味であるだけでなく、結果として患者をアルコホリズムのなかに追いこみとどまらせる罠として機能してしまうのである。

4　スティグマと回復

「意志の病」というスティグマは、アルコホリックに対する偏見を助長するだけではなく、明らかに回復の阻害要因として機能している。しかし、このことは逆説的ではあるが、回復に際して進むべき方向を暗示しているともいえる。「意志の病」という誤った考えを捨てることが回復への第一歩につながるのである。AA（Alcoholics Anonymous）の考え方は、この「意志の病」という誤った考えを見事に排除し乗り越えることで成立している。「AAの12ステップ」（本書九五頁）の第一ステップは、「われわれはアルコールに対して無力であり、生きていくことがどうにもならなくなったことを認めた」という一文から始まる[2]。ここにおける「無力」とは、闘わないこと、闘いを諦めることを意味している。つまり、意志とアルコールとの果てしなく虚しい闘いから降りることからまず始めようと宣言しているのである。アルコールを闘うべき相手としている限り抜け出ることのできない罠があることを、この一文は表現しているといえる[3]。

この認識論的転回は、しかし、容易には達成されないようである。たとえ、アルコホリック本人がそれに気づいたとしても、世間一般に蔓延する「意志の病」というスティグマはなお強固に存在し続けて、つねにアルコホリックたちを包囲している。そして、ある種のもっともらしさと確からしさをもってアルコホリックを説得し続けるからである。このように執拗に迫ってくるスティグマとの闘いの砦としても、ＡＡや断酒会などのセルフヘルプ・グループが有効なのだが(4)、この点は後の章で、あらためて論じることにしよう。

ところで、この「意志の病」というスティグマのほかにも、回復を阻害する重大なスティグマがあることにもふれておかねばならない。それは、入院治療を終えた者に対する「精神病院帰り」というスティグマである。精神障害、精神障害者、そして精神病院に対する偏見は、残念ながら今なお根強く残っている。したがって、病気の種類が何であれ、精神病院への入院経験はそれだけでスティグマの根拠とされやすい。アルコホリックの場合、入院には至らない（入院を避け続けている）酒乱が世間に珍しくないだけに、よっぽどひどい酒乱だったにちがいないという評価を受けることにもなりかねない。さらに、退院後の社会復帰に際して、就職やアパート探しで苦労することはアルコホリックが避けることのできない試練のひとつとなっている。そうした差別が、再飲酒の引き金となるというのもよく聞く話である。ただ、ここで、スティグマを逆用するという手があることにもふれておきたい。精神病院に入院するほどひどかったひとが今は断酒を続けているということは、世間に流布する常識からすれば、きわめて意志の強いひと、努力のひとだという評価になる。「意志の病」というスティグマは、それを克服したひとに対しては逆に尊敬の念を抱かせる可能性をもっている。社会復帰に際しては、ただ偏見と闘うだけでなく、その逆用という方法にも考慮する必要がある。

おわりに

アルコホリズムにはさまざまなスティグマが付着しており、それが回復を妨げている。というよりも、アルコホリズムとはまさにスティグマそのものであり、とくに回復に際しては、その医学・生物学的実態よりもスティグマをいかに処理するかのほうが重要とさえいえそうである。しかし、この「意志の病」という否定されるべきスティグマの根は深い。欲求を意志で制御するという考え方は、まさしくわれわれの生きる時代を支配する理性主義にほかならず、同時に、われわれの常識をかたちづくっている近代合理主義とも通底している。つまり、意志の敗北を認めることが自己否定を意味してしまう時代にわれわれは生きている。だからこそ逆に、「意志の病」というフィクションが、ある種の信憑性をもって成立してしまうのである。この意味で、アルコホリックとはまさしく時代の犠牲者であるといえよう。アルコホリズムとそのスティグマは、われわれとわれわれの時代を映し出す鏡のような役割を担っている。

〔参考文献〕

（1）Goffman, E.: *Stigma: Notes on the management of spoiled identity*, Prentice-Hall, 1963.（石黒毅訳『スティグマの社会学』せりか書房、一九八四年／改訂版、二〇〇一年）
（2）*Alcoholics Anonymous*, AA World Service Inc., 1939.（ＡＡ文書委員会訳編『無名のアルコール中毒者たち：アルコール中毒からの回復』ＡＡ日本ゼネラルサービスオフィス、一九七九年）
（3）Bateson, G.: The cybernetics of 'self': A theory of alcoholism. *Psychiatry*, 34: 1-18, 1971.（佐藤良明・高橋和久訳『精神の生態学（下）』思索社、一九八七年／佐藤良明訳『精神の生態学へ（中）』岩波文庫、二〇二三年）
（4）野口裕二「自助グループの機能」現代のエスプリ、二五五号、二一二―二一九頁、一九八八年。
（本書第４章）

第2章　アルコホリズムの医療化

物質乱用（substance abuse）に関して医療的な措置がとられること自体に異議を唱える人はいなくとも、医療がどこまでかかわるべきか、どこまでかかわれるのかについては意見が分かれるところであろう。物質乱用の医療史はつねにこの問題とともにあった。すなわち、疾病概念の確立と再定義、および、それに基づく医療の守備範囲の確定と修正の作業が間断なく試みられてきたわけである。歴史の流れは、医療化（medicalization）の方向、すなわち医療の枠内での処遇に重点を移す方向に流れているようにみえるが、道徳化（moralization）、司法化（criminalization）、および、脱医療化（de-medicalization）といった動きも一方で確実に存在しており、現在は、振り子がたまたま医療化の方向に傾いているだけという見方もできる。あるいは、現在すでに医療化の時代はピークを過ぎて、振り子は別の方向へと動き出しているとも考えられる。本章では、社会が物質乱用をどう捉え、それにどう対処してきたのかという問題を、米国におけるアルコホリズム（アルコール乱用および依存）の医療化の過程を素材に考察し、医療化過程の特質と今後の方向性を展望する。

1　米国におけるアルコホリズムの医療化

米国におけるアルコホリズムの医療化は、医学的な発見とそれに基づく疾病概念の確立を契機に進展したというよりも、社会のさまざまな要因につき動かされ、ある時はそれらを貪欲に吸収しながら徐々に進展してきた。コンラードら（Conrad, P. and Schneider, J.W.）は、医療化の歴史を考察する際のキーワードとして、非論争的モデル（uncontested model）と論争的モデル（contested model）という区別を示している(1)。前者は、生理学的な機序に関する明確な定義をもち、それが社会的にも疑いのないものとして認知され、それに基づく各種の社会的な統制が正統なものとして支持されている場合、後者は、明確な定義が確立しておらず、疾病概念への疑義が提出される余地がある場合である。そして、アルコホリズムは後者に位置づけられる。もちろん、より詳細にみれば、アルコホリズムのなかでも、たとえば急性中毒の機序と解毒という処置の妥当性は生理学的にも論争の余地のない、非論争的なものといえるが、アルコホリズムの中核にある慢性中毒の疾病概念はそのような明快さを欠き動揺を繰り返してきた。以下、コンラードらの整理を参考にしながら、この間の歴史をふり返ってみよう。

禁酒法以前

植民地時代の米国では、習慣的酩酊が個人の自由意志に基づく結果と解釈され、当時のヨーロッパのように狂気の概念に結びつけて解釈される傾向は弱かったという。[1] ピューリタニズムにおける個人の自由選択の尊重という文脈に従えば、たしかにこのような解釈が妥当性をもつことになる。その結果、狂気という個人の素因と深く結びついた解釈枠組みではなしに、物質の体内摂取が生み出す生理学的現象としての解釈枠組み、すなわち非論争的モデルの追求という方向づけがなされたという点が重要である。ただし、それはあくまで追求の姿勢であって、それが確立されるまでは文字どおり論争を呼び起こし続けることになる。

合衆国独立後の初期に、内科医のラッシュ（Rush, P.）はアルコホリズムを意志の病気と規定し、飲用する酒類のアルコール度の強さと道徳的な頽廃の度合いとを一次元的に対応させた「道徳身体温度計」（moral physical thermometer）なる図式を考案する。[2] 水から始まってビールやワインを経て胡椒入りのラムに至る階梯が、健康と富から嘘つきや怠惰を経て自殺や死へと至る階梯に対応するという具合である。この発想には、やや戯画化されたかたちではあるが、現在のアルコホリズムの中核概念のひとつである進行性という考え方が明らかに示されている。また、ここでも素因的な考え方は見あたらず、自由意志が選びとる飲酒行動が道徳的な頽廃に結びつく、あるいは、道徳的な頽廃が病的な飲酒行動を招くという両者の不即不離の関係だけが示されている。

一九世紀になると、各種の禁酒運動ないしは禁酒団体が相次いで登場する。アメリカ禁酒協会（一八二六）、ワシントニアン運動（一八四〇）、キリスト教婦人禁酒連盟（一八七四）などがそれである。これらの運動を支えた理念の根底には、最初の一杯に手を出すことの危険性に対する拡大解釈がある。アルコホリズムを回避するためには、とにかくいっさいの酒に手を出さないこと、あるいは社会から酒をなくすことが重要であるという論理が採用されており、進行性という認識が最大限拡大解釈されている。これら禁酒運動の背景には、プロテスタントの失地回復の目論見や女性の人権擁護要求など異質の動機が隠されていたことが知られているが、ここでは、これらの運動が結果として疾病概念の確立に大きく貢献したことが重要である。医学的データの分析によってではなしに、「最初の一杯の危険性」という一般市民の経験的判断が正当化され、進行性という概念に正統性が付与されていったからである。

一方、この同じ時期に、〝Inebriate Asylum〟と呼ばれる習慣的酩酊者のための収容施設が全米各地に生まれ、一九〇〇年までに全米で五〇ヵ所にものぼった。[1] これは身体的治療と道徳的教育との両面の性格を併せもった施設であり、前述のラッシュの「道徳身体温度計」の発想をそのまま具体化したものとみることができる。専門雑誌も発行されていたが、医療と道徳の両面を含む曖昧さゆえに医学会からも禁酒運動家からも支持を得られなかった。このことは、この時期の医療化の程度の曖昧さを如実に反映したものといえる。そして、この後、禁酒法時代（一九二〇―一九三三）を迎える。飲酒問題は医療化よりも司法化の方向へと傾いていくことになる。

ジェリネックとイェール・グループ

周知のように、禁酒法の時代にも飲酒問題は減ることもなく、むしろ、多様な問題を噴出させ、問題の深刻さを露呈する恰好となったのである。社会学的な発見という意味では、アルコールのようにすでに市民社会に深く浸透した物質のフォーマルな統制は、インフォーマルな市場を活性化させるだけであって、飲酒問題の解決にはなんら効果ももたない、ということであった。また、医学的にみれば、進行性という事実に関する医学的根拠の不足と、そうした根拠なしにすべての飲酒を禁止する、という論理的飛躍の誤りがあらためて問い直されたといえよう。こうした反省をふまえて、禁酒法以後のアルコホリズムをめぐる動きは、二つの主要なセクターによってリードされていくことになる。

そのひとつが、イェール大学（Yale Research Center of Alcoholic Studies）に集っていた医者および生理学者を中心とするグループであった。一九四〇年に、*Quarterly Journal of Studies on Alcohol* が創刊され、一九四三年には一般市民を対象にしたアルコールに関する夏期講座が開かれ、一九四四年にはアルコホリズムの専門治療をおこなうYale Plan Clinicが開設されていく。これらは、アルコールおよびアルコホリズムに関する医学的知識の普及に大きく貢献する。特に、夏期講座は、後に有力な市民団体となるNCA（National Council on Alcoholism）を創設するマン（Mann, M.）といった人物を輩出し、禁酒法廃止以後、行き場を失っていたエネルギーの一部を吸収してゆくことになる。(3)

そして、ジェリネック（Jellinek, E.）による有名な疾病概念の定式化がなされる。(4)〜(6) この定式化のうち、ここでは次の三点を確認しておくことにしたい。第一に、コントロール喪失という概念を中核にして疾病概念が構築されたこと、第二に、四期四三徴候からなるアルコホリズムの進行過程によって進行性の意味内容を定式化したこと、そして、第三に、こうした図式を裏づけるデータがAA（Alcoholics Anonymous）のメンバーから集められたものであること、以上の三点である。これ以後のアルコホリズムの疾病概念をめぐる議論は、このジェリネックの図式を基礎にしながら、それへの反論と修正というかたちで展開してゆくことになる。

AA（アルコホリックス・アノニマス）

禁酒法の時代の後に登場したもうひとつの有力なグループがAA（Alcoholics Anonymous）である。AAは近年わが国においても成長が目覚ましく、またその後、続々と生まれたセルフヘルプ・グループの原型とも目されるが、その誕生は一九三五年の米国にさかのぼる。アルコホリズムの医療化という文脈でＡＡが果たした役割はきわめて大きいが、その役割は単に医療化を推し進めただけではなく、それを相対化する視点を示したという点で、両義的な性格をもっていた。[7]

ＡＡは二つの重要な概念を提示した。ひとつは、身体アレルギー説と呼ばれる独自の疾病概念である。この説によれば、アルコホリックとは、アルコールに対してアレルギー反応を起こす体質をもった人々であり、したがって、いっさいのアルコールから手をひく以外に解決策はないという立場をとる。この点に関する生理学的な実証はいまだ成功していないが、ＡＡメンバーにとっては疑いのない真理として定着している。もうひとつは、コントロール喪失という概念である。ＡＡの「12のステップ」（本書九五頁）の第一ステップは、「われわれはアルコールに対して無力であり、生きていくことがどうにもならなくなったことを認めた」という一節から始まる。この「無力」という言葉は、アルコールをみずからの力でコントロールすることができない、すなわちコントロール喪失という事態を指している。

このコントロール喪失の概念が、ジェリネックの疾病概念の中核にあること、および、彼のデータがＡＡメンバーから集められたことはすでに述べたが、この両者の符合は決して偶然の一致ではなかったことが以上から明らかとなる。すなわち、ＡＡにおいて「非医学的」に明確化されたアルコホリズムの特性が、「医学的」疾病概念の構築に大きく影響していた。あるいは、これが言い過ぎだとしても、「非医学的」な発見と「医学的」な発見とは相互に影響しあいながら同時に進行した。アルコホリズムの医療化は医学サイドと非医学サイドの共同作業として進行したのである。

ＡＡは、コントロール喪失という概念を医学サイドと共有するとともに、身体アレルギー説というかたちで生理学者たちに恰好の研究テーマを提供し、医療化の流れを推し進める役割を果たした。しかし、その一方で、アレルギー説は、精神療法や薬物療法への懐疑ないしは拒否というかたちで医療化に抵抗する面を併せもっていた。アレルギーという生理学的実体に対して精神療法は無効であり、また、アレルギーに有効な治療薬は存在しないというのがその論拠となるからである。ＡＡは一方で医療化に加担しつつ他方で医療化に歯止めをかけるという両義的な役割を担ったのである。

そして、さらに両義性を深めることになったのは、ＡＡのプログラムがきわめて高い回復率を達成して医療化に対抗する新たな可能性を示したこと、すなわち、脱医療化の方向づけをおこなったという点である。たとえば、ジョーンズら（Jones, R. W. and Helrich, A. R.）は既存の医学的処置や治療プログラムと比べてＡＡが最善の治療法であると報告し[8]、ＡＡは医学サイドにとってもその効果を無視することができない存在となった。ＡＡは、医療化の限界をみずからの回復実績によって実証的に示しながら、アルコホリズムの脱医療化の可能性を示した。道徳化や司法化に逆戻りするのではなしに、医療化とは異なる新たな方向づけをなしえたことが、医療化論の文脈におけるＡＡの最大の貢献であったともいえる。

問題飲酒概念

ジェリネックの定式化は多くの問題点を含みながらも一定の影響力をもっていたが、その後、反証の蓄積によって概念の修正と再定義を余儀なくされてゆく。まず、中核概念のひとつであるコントロール喪失はいくつかの反証にあって、同じイェール・グループの後継者、ケラー（Keller, M.）によって次のように再定義されるに至る。[9][10]「一杯に手を出したら、コントロールを失って飲み続けになる前に、やめられるかどうか確かではない」。ここでは、コントロール喪失は、アルコホリズムに必須の徴候から、多くの場合にみられる確率論的な現象へと後退させられている。また、もうひとつの中核概念である進行性も、カハラン（Cahalan, D.）らによる長期的縦断研究、[11]〜[13] および、アーマー（Armor, D. J.）らのいわゆるランド・リポート（Rand report）[14] によって決定的な打撃を受ける。

こうして、ジェリネック的疾病概念が後退するなかで、新たに登場するのが疾病の生理学的実体や機序を仮定しない現象記述的な概念、問題飲酒（problem drinking）の概念である。[13] この概念は、カハランやルーム（Room, R.）といった社会学者によって提示されたという点においても医療化が新たな段階を迎えたことを意味する。すなわち、アルコホリズムは厳密な医学的定義によって医療の対象とされるのではなく、社会的な問題をともなう重大な健康問題のひとつとして医療の対象とされるという変化である。アルコール依存そのものではなく、それが結果として当該社会の規範や通念の許す範囲を逸脱する症候を示す場合に問題視するという理解である。原因となる生理学的過程のほうからではなく、結果としての社会学的逸脱のほうから逆に定義する点が問題飲酒概念の特徴といえる。また、狭義の疾病概念にこだわらないために、多様な現象に対応できる守備範囲の広さが獲得されたことも特筆すべき点である。

この問題飲酒概念が登場した一九七〇年代に、アルコール医療はもうひとつの要因によって新たな時代を迎えた。それは財政的要因である。この時期、連邦政府の財政危機によって医療費の負担責任が州政府に転嫁され、そして、州政府もまた支出削減のために州立病院を縮小して民間機関への委託や契約を活発化させた。また、財政支出削減を主な動機として新法（The Uniform Alcoholism and Intoxication Act）が成立し、私的健康保険がアルコホリズムをカバーするようになった。これらの動きに問題飲酒概念が見事に呼応するかたちで、巨大な「アルコール産業」が形成されてゆくことになる。(15) 問題飲酒概念の守備範囲の広さが、狭義の疾病と治療にこだわらずに予防から社会復帰までを含む長期的な医療的介入をおこなう正当性を保証し、同時に、治療の対象をアルコホリック本人だけでなく、それをとりまく家族や関係者へと拡大することをも可能にしたのである。こうして数多くの民間施設が多様なプログラムを競いあう現行のアルコール医療体制がかたちづくられていく。

2　現行医療体制の特徴

医療化の対象の拡大

現行の医療体制の最大の特徴は、民間の医療機関をその主役に据えることによって、企業経営の論理という新たな動因を内蔵した点にある。当然のことながら企業経営の論理は採算性の確保を最優先課題とする。しかも、多数の機関が新規参入する競争的状況下においては、まず第一に「顧客」の安定的な確保が重要となる。こうした企業論理の要請によって、治療対象の拡大と治療期間の拡大という二つの変化が生じた。しかもこの変化は、民間の機関だけでなく公的な機関をも同じ競争状況に巻きこむかたちで進行した。

対象拡大の最初のターゲットはアルコホリックの家族、とりわけその妻たちであった。以前から、アルコホリックの家族に対する臨床的関心は強く、一九五〇年代から六〇年代にかけて研究が活発化していたが、ジャクソン（Jackson, J. K.）[16]をはじめとするこれらの研究の多くは、家族への具体的な援助を担当するソーシャルワーカーたちによって主に担われていた。したがって、家族は援助の対象とみなされても治療の対象とはみなされにくかった。治療の対象とするためには神経症やうつ病といった他の診断名を必要としたのである。しかし、七〇年代になると、治療対象としての家族という見方が次第に強まってくる。

この観点を明確に示すのが、コ・アルコホリック（co-alcoholic）という概念の登場とその意味内容の変質である。ワイスナーら（Weisner, C. and Room, R.）[15]によれば、この用語は、当初、アルコホリックをとりまく人々という中立的な意味で使われていたが、次第に〝アルコホリックの病的飲酒行動を促進し、アルコホリックと性格的な問題を共有し、アルコホリックの回復を妨げる人〟[17]という意味で使用されるようになっていく。

こうした見方は、妻だけでなく子どもや親、あるいは、親戚、友人、同僚といったアルコホリックをとりまくすべての関係者、すなわちソーシャル・ネットワークの全体を視野に収める方向へと拡大する。ネットワーク・セラピー、あるいは、ネットワーク・インターベンションと呼ばれるこの技法は、必ずしもアルコホリズムには限定されないかたちで一九六〇年代からみられたが、近年、アルコホリズムの領域で特に注目されるようになっている[18]。また、アルコホリズム医療の民営化の波にのって、この領域に進出した家族療法家たちもこうした傾向に拍車をかけることになった。

さらに、八〇年代の後半になるとコ・ディペンデンシィ（co-dependency：共依存）という概念が注目されるようになる。[19] この概念は、嗜癖者の世話を焼く人に典型的に見られるように、他人をコントロールする生き方、あるいは相手をコントロールしながら同時にコントロールされるという相互依存的な対人関係のあり方を意味する。もともと、アルコホリズムをはじめとする物質乱用ないしは嗜癖全般にかかわる概念として提示されたが、対人関係に悩む多くの人々の関心を集めてビーティ(Beattie, M.)の著書(*Codependent No More*)はベストセラーのひとつともなった。[20] その概念的な守備範囲の広さはかつての問題飲酒概念をはるかに上回っており、対象の拡大に今後大きく貢献することが予想される。

医療化の期間の拡大

対象の拡大とならんで進行したのが、潜在患者の発掘による医療化の期間の拡大である。従来、医療の対象となったのは、酩酊による事故や犯罪および離脱症状に対する救急医療的処置を除けば、アルコホリック本人の自主的判断に基づく治療であり、それは多くの場合、飲酒による度重なる失敗によって多くのものを失った後の時期に限定されていた。AAではこれを「底つき」(hitting bottom)と呼び、回復への転回点(turning point)と考えられてきた。[21] 医療サイドにおいても、あくまで本人の自主性に基づいて治療を開始するのが原則であった。回復への自主的動機づけなしには、いかなる治療プログラムも効果をもたないという経験的判断がその根拠であったが、飲酒が自由意志に基づくならば、その結果からの脱出もまた自由意志に基づくべきであるというピューリタニズム的な考え方も背後にあったと考えられる。

いずれにせよ、この自主性の尊重は、医療、福祉、セルフヘルプ・グループのいずれをも貫く大前提であり、したがって医療化の時期はきわめて限定されていた。しかし、企業経営の論理はこの前提をも変質させてゆく。アルコホリック本人に治療意欲がなくとも、その家族に介入することによって本人の動機づけを早期に引き出すことができるという方向に展開したのである。ヘイゼルデン・インスティテュート（Hazelden Institute）、ジョンソン・インスティテュート（Johnson Institute）といった主導的な臨床研究機関によって、否認の打破、直面化（confrontation）、初期介入（primary intervention）といった用語ないしは技法が頻繁に用いられるようになり、「底つき」を待つのではなく、積極的に「底をつかせる」ことの必要性が説かれるようになった。[22][23]こうした積極的介入主義は、「建設的強制」（constructive coercion）と呼ばれ、「愛の鞭」（tough love）のなせる業として正当化された。こうして、アルコホリックはかつてよりもはるかに早い時期から医療化の対象とされるようになったのである。

一方、ＥＡＰ（Employee Assistance Program：企業内従業員援助プログラム）という方式の開発も期間の拡大に大きく貢献した。一般企業が従業員のアルコホリズム対策と管理を民間の医療機関に契約委託するこの方式によって、アルコホリズムの初期的な徴候がみられた時点から、医療的処遇の対象とされるようになったのである。もともとこのプログラムは、企業がアルコホリズムによって被る損失（企業員の怠業や事故）を最小化することを目的に出発したが、この目的は早期発見、早期予防というかたちで遂行され、結果として潜在患者を発掘して医療化期間の拡大に貢献することになったのである。

こうした早期の介入が実際に、企業の損失の縮小、および、公的な医療費支出の削減にどの程度効果があったかに関しては綿密な費用効果分析が必要となる。また、アルコホリズムの予防効果と治療効果という点での評価についても長期的縦断的調査による慎重な検討を要する。このことは、個人レベルでみて医療化の期間が拡大したのか、あるいは、マクロにみて多様な段階にあるアルコホリックが医療化されているだけなのかという問題にもつながる。しかし、いずれにせよ現時点で明らかなことは、それまで潜在患者が引き起こすさまざまな損失に対して、政府、企業、司法サイド、そして、アルコホリック本人および家族が負担していた費用が、医療機関に流入するようになったということである。

3　医療化と脱医療化

医療化過程の特徴

以上概観したように、米国におけるアルコホリズムの医療化は、多様な集団の多様な関心や利害に動かされながら進展してきた。もちろん、医学的な発見や理論の確立といった医学サイドの動きも大きな影響力をもったが、それらは主導的役割を果たしたというよりも主要なセクターのひとつとして関与したとみるべきであろう。禁酒運動家、司法当局、AA、社会学者、政府、民間の企業家、保険会社といった多彩な登場人物によってこの過程は担われてきたのである。

非論争的モデルと論争的モデルの対比に戻れば、医学的・生理学的な基礎づけをもつ非論争的モデルへの志向性が、逆に論争（contest）を呼び起こし続けてきた。しかも、その論争は医学の専門家のあいだだけでおこなわれたのではなく、医学以外の多様な分野を巻きこむかたちで進行し、それが論争の内容をさらに複雑なものにした。そして、最終的には、医学の枠内での基礎づけを保留にしたまま、あるいはそれを内部に含みこむかたちで、問題飲酒という現象記述的概念の登場により、論争は一応の終結をみたのである。

この結末には二つの大きな要因がかかわっていた。ひとつは、健康問題一般への社会的関心の高まり、すなわち、社会全般を覆う医療化の波によって、非論争的モデルの確立にこだわる必然性が失われたことである。健康問題という一般的関心からすれば、疾病概念はたとえ確率論的な表現であっても十分に説得力をもつからである。そして、もうひとつの要因が財政的要因である。司法化あるいは公費負担による医療化という従来の方式に代わって、私的健康保険に基づく民間施設の利用という政府にとって低コストの方式が考案されたことが、問題飲酒概念の現実的な有効性を裏づけた。また、ＡＡの存在も財政支出の削減にはおおいに役立った。私的保険をもてない低所得者層でもＡＡだけは利用可能だったからである。この結果、利用機関ごとのクライエントの階層分化が顕著になり、その主力となる民間医療機関利用者のプロフィールは、かつてのアルコホリックのイメージとは異なって、どこにでもいる普通の人々のそれへと近づいていった。

そして、これら、民間医療機関、福祉施設、および、セルフヘルプ・グループという異質な理念によって運営される機関がグループのすべてを資源として有効活用するうえでも、問題飲酒の概念はきわめて有効であった。異なる疾病観と異なる治療理念を統合する最大公約数的な概念としてこの概念は機能し、同時にその統合的役割によってみずからの正当性を補強していったのである。さらに、企業経営の論理が、従来、医療化の対象とされなかった人々をその射程内にとりこみ顧客層を拡大してゆく。こうした動きは、早期発見と早期治療という現行の健康政策の基本理念に合致するとともに、健康問題への一般的な関心の高まりにも支えられており、その意味で安定的な根拠を確保しているものといえる。問題飲酒概念の登場、政府の財政削減の論理、企業経営の論理に加えて、健康政策の理念、健康問題への一般的関心といった多様な要因が見事に調和するかたちで、現行のアルコール医療体制は成立したのである。

現行の体制は、問題飲酒概念によって守備範囲を広げ、福祉セクターとセルフヘルプ・

グループを巻きこみながら幅広くゆるやかに成立している。したがって、非論争的モデルの完成とそれに基づく治療処遇体制の整備をもって医療化の確立と呼ぶとするならば、現行の体制は明らかにそれとは異なる面をもっている。また、医師を中心とする医療専門職によって独占的かつ排他的に担われるのが本来の医療化だとするならば、現行の方式はそれとも異なる。しかし、医療化が否定されて他の方法がそれにとって代わったというのではなく、医学的定義をその内部にとりこみ、医学の関与する余地をその中核に残しながら、周辺領域をカバーするかたちで現在の体制は成立している。また、狭義の疾病概念による根拠づけを欠きながらも、広義の健康問題という確かな足場を確保している。この意味で、現行の体制はやはり医療化の大きな流れのなかに位置づけるべきものと考えられる。

脱医療化の可能性

以上のようにして果たされたアルコホリズムの医療化が、今後とも、医療化の文脈で語られるべきものなのかどうかという問題を最後に検討しておこう。現在の医療化体制は、すでに福祉セクターとセルフヘルプ・グループという非医療セクターの存在なしには語れないものとなっている。また、「アルコホリズムは医者以外の協力が不可欠な医療健康問題[24]」というアメリカ医学会会長の見解にも明らかなように、医学サイドみずからがこの問題における役割を限定して捉えようとしている。この医療、福祉、セルフヘルプ・グループの三者の力学が今後どのように展開するかによって、医療化という分析枠組みの有効性もまた異なってくる。

こうしたなかで注目されるのが次の二つの動きである。ひとつは、すでに述べたコ・ディペンデンシィ（共依存）という概念の登場である。この概念は、アルコホリズムのみならず嗜癖全般を射程に収めることによって、医療化、とりわけ精神医療化（psychiatrization）をさらに強力に推し進めることが予想される半面、対人関係に焦点をしぼる結果、福祉セクターやセルフヘルプ・グループの関与に今以上の根拠を与えることも予想される。そして、純粋に対人関係だけをとり上げる場合、現在医療化の根拠となっている健康問題という足場を失う可能性もある。この問題には、健康保険がカバーするかどうかといった現実的な要因もかかわってくるが、いずれにせよ、こうした新しい概念の登場とそれによる問題の再定義は、その処理をめぐる関係セクターの動きを活発化させ、脱医療化を推進する有力な契機となるものと思われる。

もうひとつの動きは、セルフヘルプ・グループの原理の一般的な浸透ということである。AA自身は「12の伝統」（本書九九頁）という組織綱領によって、みずからの役割と活動の範囲をきわめてストイックに限定しており、それ自体に変質の余地はない。しかしAAの成功に刺激されて、その後多くのセルフヘルプ・グループが生まれ、わが国でもこの原理をとり入れたアルコホリズムに関する市民レベルの運動が始まっている。こうした動きは、決して医療の存在を否定するものではないが、その役割を最小限にまで縮小して、みずからの回復過程をみずからの手のうちにとり戻すことを意図している。福祉を含めた専門家の手による援助（professional help）ではなしに、同じ問題を共有するひと同士の援助（self help）のもつ有効性が一般に認識されつつあるのである。こうした動きは、コ・ディペンデンシィと同様に、健康問題という限定を必ずしも必要とせず、その意味で、問題の再定義による脱医療化の有力な担い手となる可能性がある。

社会は、アルコホリズムという問題の処理に手を焼き、ある時は司法化の比重を増し、ある時は医療化に傾きながら、この問題の処理を委ねるべき専門家を探し続けてきた。その間に、司法でも医療でもない新たな思想が着実に育ってきた。それが、セルフヘルプ・グループであった。セルフヘルプ・グループはその発足の当初から医療化を促進する面とそれに対抗する面の二つの性格を併せもっていたが、これまではみずからの対抗性を強調せずにそれと共存する方向を選んできた。しかし、今、その独特の思想はそうした枠づけを超えて大きく開花しようとしている。近年わが国にみられる市民レベルの運動の展開はそうした動きとしてみられるのである。医療化に代わる新たな動きは今、市民と呼ばれる非専門家たちの手によって担われようとしている。

〔参考文献〕

（1）Conrad, P. and Schneider, J. W.: *Deviance and medicalization, from badness to sickness*, Merrill, 1980.（進藤雄三監訳、杉田聡・近藤正英訳『逸脱と医療化』ミネルヴァ書房、二〇〇三年）

（2）Rush, P.: *An inquiry into the effects of ardent spirits upon the human body and mind*, Thomas and Andrews, 1790.

（3）斎藤学「ビルとボブとオールドタイマーズ」現代のエスプリ、二五五号、一九八八年。

（4）Jellinek, E. M.: Phases of alcohol addiction. *Quarterly Journal of Studies on Alcohol*, 13; 673-684, 1952.

（5）Jellinek, E. M.: *The Disease concept of alcoholism*, Hillhouse Press, 1960.

（6）斎藤学「アルコール症の疾病概念をめぐって（その一）：現行の疾病概念とその批判」精神医学、二〇巻一号、四―三〇頁、一九七八年。

（7）野口裕二「セルフ・ヘルプ・グループの原点：ＡＡ」こころの科学、二三号、二八―三三頁、一九八九年。（本書第5章）

（8）Jones, R. W. and Helrich, A. R.: Treatment and alcoholism by physician in private practice: a national survey. *Quarterly Journal of Studies on Alcohol*, 33, 117-131, 1972.

（9）Keller, M.: On the loss of control phenomenon in alcoholism. *British Journal of Addiction*. 67; 153-166, 1972.

（10）Keller, M.: The Disease concept of alcoholism revisited. *Journal of Studies on Alcohol*. 37; 1694-1717, 1976.

（11）Cahalan, D., Cisin, I. H. and Crossley, H. M.: *American drinking practice*, Rutgers Center of

Alcohol Studies, 1969.
(12) Cahalan, D.: *Problem drinkers: a national survey*, Jossey-Bass, 1970.
(13) Cahalan, D., and Room, R.: *Problem drinking among American men*. Rutgers Center of Alcohol Studies, 1974.
(14) Armor, D. J., Polich, J. M., and Stambul, H. B.: *Alcoholism and treatment*. Rand Corporation, 1976.
(15) Weisner, C. and Room, R.: Financing and ideology in alcohol treatment. *Social Problems*, 32 (2); 167–184, 1984.
(16) Jackson, J. K.: The adjustment of the family to the crisis of alcoholism. *Quarterly Journal of Studies on Alcohol*, 15; 562–586, 1954.
(17) Fajarado, R.: *Helping Your Alcoholic Before He or She Hits Bottom*, Crown, 1976.
(18) 野口裕二「アルコール依存症と地域ケア」、斎藤学・高木敏・小阪憲司編『アルコール依存症の最新治療』三二五—三五〇頁、金剛出版、一九八九年。（本書第8章）
(19) 斎藤学「アルコホリック家族と共依存（co-dependency）」、斎藤学・高木敏・小阪憲司編『アルコール依存症の最新治療』二三五—二七四頁、金剛出版、一九八九年。
(20) Beattie, M.: *Codependent no more*, Hazelden, 1987.
(21) *Alcoholics Anonymous*, AA World Service Inc., 1939.（AA文書委員会訳編『無名のアルコール中毒者たち：アルコール中毒からの回復』AA日本ゼネラルサービスオフィス、一九七九年）
(22) Johnson, V.: *I'll Quit Tomorrow*, Harper & Row, 1980.
(23) 安東竜雄・林田基・三船英男・斎藤学・波田あい子「座談会：アメリカのアルコール医療に学ぶもの」アルコール医療研究、一巻、二九九—三一九頁、一九八四年。

(24) Wilbur, D. L.: *Alcoholism: an AMA view, Proceedings of the 28th international congress on alcohol and alcoholism*, Hillhouse Press, 1969.

Ⅱ　セルフヘルプ・グループ

第3章　家族療法としての断酒会とＡＡ

はじめに

アルコール依存症の治療・社会復帰プログラムにおいて、断酒会をはじめとするセルフヘルプ・グループは、すでに重要な役割を担い高い評価を得ている。アルコール依存症からの回復のためには断酒の継続が不可欠であり、そのためには断酒の継続を同じく志向する仲間との恒常的な相互作用がきわめて有効であるからである。現在こうした断酒セルフヘルプ・グループとして、わが国には、断酒会とＡＡ（Alcoholics Anonymous）の二大グループが存在する。断酒会は一九五八年に東京と高知でほぼ同時に誕生し、一九六三年に全日本断酒連盟（全断連）が発足して全国組織としての形態を整えた。一九九五年現在、全国に約六〇〇の断酒会（支部を含む）、約五万名の会員を擁する一大組織である。一方のＡＡは、一九三五年米国で生まれたその名のとおり匿名のアルコール依存症者の会で、一九九五年現在、世界一三〇ヵ国以上に約二〇〇万名の会員を擁する。ＡＡの日本への導入は一九五五年前後に遡るが、活動が活発化したのは一九七五年頃からで、一九九五年現在、全国に約二九〇グループ、約四〇〇〇名のメンバーを擁しているといわれる。

両者はいくつかの面で対照的な性格をもっており、また、断酒会が米国のＡＡをモデルにその日本的翻案として出発したことから、比較文化論的にも興味深い素材とされてきた。断酒会とＡＡがわが国にも並存するようになって以後、両者の比較が容易になったこと、および、治療プログラムにおいて両者をどのように位置づけるかといった臨床上の要請もあって、すでにいくつかのすぐれた研究がなされている。「日本的家族療法としての断酒会」という議論にはいる前に、まずこれらの研究を概観し、どこがどのように「日本的」なのかを確認しておくことにする。

1　断酒会とＡＡ

断酒会がその設立に際してＡＡに多くを学びながらＡＡ日本支部とはならずに、わが国独自の組織として発展した（せざるをえなかった）経緯を知るのに、下司の次のエピソードが参考になる。「一九六四年夏、ニューヨークのＡＡ本部を訪れ日本の断酒会がＡＡの支部となることを交渉しましたが、システムの相違から拒否されました。その理由は⑴匿名でないこと、⑵会費を徴収すること、⑶会員制であること、の三点です[1]」。

断酒会とＡＡとの相違点は、形態的側面、機能的側面の両面にわたるが、以上のエピソードは、主に形態的な違いを理由にＡＡから拒否されたことを示している。しかし、形態のこのような日本的変形こそが、断酒会を発展させ、根づかせた原因であるとする見方が一般的である。「匿名の原則を意識的にすてることによって、日本の閉鎖的な地方社会に受け入れられた」[2]のである。つまり、「酒席に出れば酒を断わるのが至難の業」[3]の飲酒強要型社会であり、社会関係や社会組織の作動プログラムに酒がしっかりと組みこまれた「アルコホリック・ソーシャル・システム」[4]たるわが国においては、非匿名であること、すなわち断酒会員であることを積極的に宣言することが断酒を継続するうえで効果を発揮した。

断酒会とＡＡの比較分析は、中村[5][6]、田中[7]、榎本[8]らの論考にくわしい。それぞれ強調点に違いはあるにせよ、形態や機能の面だけでなく、それらを背後から規定する文化ないしは国民性の次元にまで言及し、形態、機能、文化の三者の相互連関を論じている点で共通する。すなわち、匿名性の放棄をはじめとする組織形態上の特性は、わが国独特の組織原理の反映として捉えられる。中村は、シュー（Hsu, F. L.）[9]の議論を手がかりに、断酒会を「縁的原理」に基づく「イエモト方式」と位置づけ、欧米の「クラブ方式」と対比させている。また、榎本は、「集団主義と個人主義」、「恥の意識と罪の意識」、「多神教と一神教」といった比較文化論的、宗教社会学的理解を試みている。こうした組織的な特徴は、機能的側面すなわち断酒会の治療効果ないしは治療メカニズムにも必然的に反映する。断酒会例会がもっている独特の雰囲気については、「浪花節的」、「許容的」[6]、「権威的、支持的、鼓舞的」[7]などの形容がなされている。こうした日本的人間関係や情緒関係によって、前述の組織形態および組織原理が深く彩られ補強されているといえる。

一方、こうした例会の場がもつ集団精神療法的効果とは別に、組織形態それ自体が重大な治療効果をもっていることにも注意する必要がある。清水は、これを「準拠集団としての断酒会」として概念化している。[10]また、中村は、そうした効果を「行動型集団」としての特性に求め、全断連の組織が「イエモト」制度と酷似することを実証した後に次のように論じている。「断酒会のもつ最大の治療効果は、社会からの脱落者である自分が、断酒会という集団において許容される。そこでは社会通念では恥ずべき精神病院の入院歴の多さが、逆に尊敬を集める。そして、一年でも断酒実績をつめば、それに応じてしかるべき役付きとなり、毎年その地位が上がっていくという、世俗と価値観の逆転した『軍隊体験』に似た新しい社会であるからである。[6]」例会の場がもつ集団療法的な効果だけでなく、むしろそれ以上に、自己のアイデンティティを確保し確認しうる集団に帰属すること、およびそれによる心理的効果こそが重要であるとする見解である。

2　家族の役割と位置づけ

断酒会、ＡＡの両者とも、その第一の目的をアルコール依存症者本人の断酒と回復においていることは言うまでもないが、このことは、家族に対する援助を副次的なものとみなすということを意味しない。アルコール依存症はしばしば家族病と呼ばれるように、家族が、この病気の発生と進行およびプロセスに果たす役割はきわめて大きい。家族のあり方が予後を決定すると言っても言いすぎではないほどである。したがって、アルコール依存症治療における家族援助は、減弱した家族機能の補強や援助にとどまらずに、より積極的な家族介入、家族療法といったかたちをとる。家族の役割を重視するこうした姿勢は、断酒会やＡＡにおいても共通する。ただし、家族のどのような側面にはたらきかけ、どんな役割を期待するかという点では異なる。

家族の位置づけの違いは、例会（ミーティング）出席者の違いに端的に現われている。断酒会の例会では、家族同伴の出席が普通であり、「断酒の誓」、「心の誓」という本人による宣誓に続いて、「家族の誓」が家族によって唱和される。一方のＡＡでは、本人のみが出席するクローズド・ミーティングが中心で、家族（特に妻）のためには、アラノン（Al-Anon）という別組織が用意されていて、家族だけのクローズドで運営される。ちなみに、子どもたちのためにはアラティーン（Al-Ateen）という別組織がある。このように、断酒会は家族を一括して扱おうとするのに対し、ＡＡでは、家族成員ごとの個別的な処遇方法をとる。日本的集団主義と西洋的個人主義という図式がただちに思い浮かぶところだが、ここでより重要なのは、家族機能のどの部分に焦点をあてているのかという点である。

結論から先にいえば、断酒会は家族の凝集性を強化することで酒害を克服しようとするのに対し、ＡＡは家族成員間に適当な距離をもたせることで問題に対処するものといえる。断酒会の「家族の誓」は次のような一文から始まる。「私の主人、息子は断酒会に入会しました。あれ程好きな酒を止めるのは本当につらいことでしょう。」そして、「断酒を決意した主人、息子はえらいと思います。」「主人、息子の悩みは私の悩みです。」「主人、息子の酒を断つために少しでも力になって、共に苦しみ、共に直します。」という文章が続く（傍点筆者）。断酒を決意した夫（息子）への同情、称賛、同一化の過程を明らかに読みとることができる。飲み続けていた当時の恨みつらみや絶望感から一転して、難業に着手する者への敬意と感謝の念とが呼び起こされる。酒害は家族が一丸となって克服すべきものとみなされ、家族のより高い凝集性が要請されることになる。

一方、ＡＡでは、家族成員それぞれのクローズド・ミーティングが主体であり、組織形態のうえでまず家族の分離がはかられることはすでに述べた。そして、「12のステップ」（本書九五頁）と呼ばれる一種の到達課題を一歩一歩階段を昇るように踏みしめてゆくことで、個人の人間的成長がはかられる仕組みになっている。12ステップの第一番目は「われわれはアルコールに対して無力であり、生きていくことがどうにもならなくなったことを認めた。」という酒に対する〝敗北宣言〟から始まる。そして、第八番目には次のような一文がある。「われわれが傷つけたすべての人の表を作り、そのすべての人たちに埋め合わせをする気持になった。」傷つけた人の表のおそらく筆頭には、家族の名前があがるはずである。AAにおいては、家族は決して一体化して断酒に立ち向かう同志ではなく、あくまで自分とは別個の償うべき存在にほかならない。断酒会とAAとは、家族の凝集性に関して、ちょうど逆方向からのはたらきかけをしていることになる。

3 「対称的関係」の病理

ここで、このような逆方向からのアプローチがなぜ、ともに有効なのかという疑問が生じるが、この問いに答えるためには、アルコール依存症者の家族の特徴をおさえておく必要がある。アルコール依存症者の家族は二つの面をあわせもっている。被害者としての家族と加害者としての家族という二面性である。つまり、「アル中」によって振り回され傷つき解体の危機に瀕している家族は、同時に、「アル中」を支え病気の進行を助けている家族でもある。家族病としてのアルコール依存症は、単線的な被害者—加害者関係の図式にはおさまらない相互的・循環的な家族システムを成長させてゆく。

こうした相互的・循環的な関係は、アルコール依存症の夫とその妻との関係に最もよく現われている。ベイトソン（Bateson, G.）は、アルコール依存症者の夫婦に特徴的なコミュニケーションパターンを「対称的」（Symmetrical）と規定し、「相補的」（Complementary）な関係と対比させている[11]。対称的関係とは、簡単にいえばライバル関係であり、同じ側面で競いあう関係である。たとえば大国間の軍備拡張競争などがその典型例で、互いに相手よりすこしでも優位に立とうとして果てしなき競争にエスカレートしてゆく。一方、相補的関係とは、異なる側面で文字どおり補いあう関係である。支配と服従、世話好きと甘えん坊、見物人と目立ちたがり屋、サドとマゾなどがその好例とされる。断酒が一向に長続きしない夫に対して、妻は意志の弱さを指摘する。これに対して夫は、意志の強さを証明しようと断酒に向かうが、このことは同時に妻の要望に従うという点で、妻に服従する関係をみずから認めることを意味する。そして、この服従関係を解消し、妻を今までどおり自由に振り回しコントロールするために飲酒を再開する。妻は再度、意志の弱さをなじる。再度、断酒を試みる。失敗する。このいつ果てるともない悪循環の連鎖こそが、対称的関係に特有の病理なのである。

ここで、最初の問いにもどろう。断酒会においては、家族の凝集性を強化する方法がとられ、同情、称賛、同一化、そして敬意と感謝という心理的プロセスがたどられた。これを、ベイトソンの用語に置き換えるならば、飲酒をエスカレートさせていた対称的関係を、断酒を継続させる対称的関係に変換する技法ということができよう。耐え続けてきてくれた家族に対する感謝が本人に断酒を動機づけ、断酒の継続が家族に感謝の念を呼び起こし、家族の感謝の念が再度本人の断酒を動機づける。相互不信と攻撃の果てしなき悪循環が、感謝の応酬という果てしなき良循環へと変換される。飲酒をめぐる対称的関係を感謝をめぐる対称的関係に変換するのが、断酒会の「家族療法」なのである。一方のＡＡは、家族成員を分離し相互に距離をとらせる方法がとられた。これは、対称的関係が成立するための前提となる「相手」の存在を背景に退かせて、悪循環を消滅させる方法といえる。そして、自分を超えたより大きなシステム（"Higher Power"）に身をまかせることにより、自分対相手、意志対酒というような対称的関係に特有の対立的思考法が捨て去られ、相補的関係性が獲得されてゆく。12ステップはこうした認識論上の転回過程を意味しているのである。

悪循環を生む対称的関係で絡まりあった家族システムに関して、断酒会は、良循環を生む対称的関係に変換することで、ＡＡは、相補的関係に変換することで、ともにシステムの変化を促す。家族の凝集性を強めるか弱めるかという、断酒会とＡＡのあいだにみられたアプローチの違いは、対称的関係に特有の悪循環から抜け出すという点で共通しており、それゆえ、両者ともアルコール依存症からの回復に効果を発揮するのである。

4　家族療法としての評価

以上の考察から、家族療法としての断酒会の特徴は、悪循環を生む対称的関係が優位する家族システムを、良循環を生む凝集性の高いシステムに変換する点にあるといえる。そして、この関係性を維持するよう動機づけ、そのためのエネルギーを日常的に補給するのが例会である。それは、断酒という難業苦業の継続をアルコール依存症者本人に動機づけるだけでなく、そうした難業苦業を継続する者への尊敬の念を家族の側に不断に呼び起こす。本人の家族に対する感謝の念と、家族の本人に対する尊敬の念とが同時に調達されるのが、例会という集団療法の場なのである。そして、こうした家族内レベルでの動機づけのほかに、組織内の地位階梯を上昇するという長期的かつ社会的レベルでの動機づけの装置（中村のいう「イエモト方式」）も用意されている。これら両者が相まって、断酒は、苦労して継続するに足る人生の一大事業となるのである。

ところで、断酒会のもつこうした治療メカニズムは、当然のことながら家族もちのアルコール依存症者に有効であって、単身者やすでに解体した家族に対してはあまり効果を期待できない。近年、ＡＡがわが国でも都市部を中心に成長している背景には、断酒会がとり残してしまったこれら単身者のニーズに応えているという事情がある。また、ＡＡ流の「家族成員個別処遇方式」は、初期介入の技法としても効果的である。アルコール依存症者は、何度内科入院を繰り返しても、アルコール依存症であることを否認し続けて、精神科の専門治療の場にはなかなか登場しない場合が多い。こうした状況での初期介入は、問題を感じて最初に外部に助けを求めた人（First Client）を介入の焦点にして、そのファーストクライエント自身の変化が家族システム全体の変化を導くよう援助してゆくことが効果的である。[12] いわゆる「本人不在の家族療法」のかたちをとるわけだが、ＡＡの本場の米国ではすでに、この種のコ・アルコホリック（Co-Alcoholic：アルコール依存症者の周囲にいて被害を受け同時に病気を支えている人）を治療の対象とする方法が多く試みられているという。[13] ＡＡ流の個別処遇方式の論理を進めてゆけば、コ・アルコホリックのクライエント化という方法に行き着くのも当然のことといえよう。

一方、家族解体を回避しようとする力の強い家族には、断酒会の方法が依然有効である。断酒会流の家族一括方式は、例会レベルと組織レベルの両面での動機づけを軸にして、家族の凝集性を高める方法である。それは、家族が解体の危機に瀕しながらも問題をもちこたえる能力を前提に、そのぎりぎりのところから、解体とはまったく逆方向への転回を果たす家族療法といえる。家族の解体（離婚）に対する社会的圧力がかつてほど強くなくなり、家族が問題をもちこたえる能力が減弱しているといわれる現在、断酒会方式の有効性の基盤もまた弱まっているともいえるが、少なくとも、そうした社会的圧力に敏感な人々や地域社会においては有効な方法といえよう。要は、家族を維持しようとする力の強弱、すなわち、家族自身が家族をどう捉え、どうあらねばならないと考えているのかという点にかかっている。この種の家族のイメージのありようとその変質の行方が、家族療法としての断酒会の有効性を保証する鍵を握っている。

〔参考文献〕

（1）下司孝麿「断酒会と国際交流」アルコール医療研究、三巻四号、二六四―二六七頁、一九八六年。

（2）なだいなだ『アルコール中毒（改訂版）』紀伊國屋書店、一九八一年。

（3）小林哲夫「非匿名と断酒文化」アルコール医療研究、三巻三号、二一六―二一九頁、一九八六年。

（4）清水新二「わが国における飲酒と断酒」遠藤四郎編『臨床精神医学―最近のトピックス 2』一―三〇頁、星和書店、一九七九年。

（5）中村希明ほか「断酒会の社会精神医学的研究」精神医学、一七巻九号、一〇七―一一四頁、一九七五年。

（6）中村希明『アルコール症治療読本：断酒会とＡＡの治療メカニズム』星和書店、一九八二年。

（7）田中孝雄「断酒会、ＡＡの治療とその評価」季刊精神療法、九巻二号、一四六―一五六頁、一九八三年。

（8）榎本稔「断酒会とＡＡ：比較文化精神医学的考察」アルコール医療研究、二巻二号、一五七―一六五頁、一九八五年。

（9）Hsu, F. L. K. *Clan, Caste and Club*, Van Nostrand Reinhold Inc., 1963.（作田啓一・濱口恵俊訳

『比較文明社会論：クラン・カスト・クラブ・家元』培風館、一九七一年）
(10) 清水新二「断酒会の集団的性格」大橋薫編『アルコール依存の社会病理』二二五―二三〇頁、星和書店、一九八〇年。
(11) Bateson, G.: The cybanetics of 'self': A theory of alcoholism; *Psychiatry*, 34; 1-18, 1971.（佐藤良明・高橋和久訳『精神の生態学（下）』思索社、一九八七年／佐藤良明訳『精神の生態学へ（中）』岩波文庫、二〇二三年）
(12) 斎藤学・野口裕二「アルコール依存症のネットワークセラピー」現代のエスプリ、二四〇号、一五四―一六三頁、一九八七年。
(13) Weisner, C. and Room, R.: Financing and ideology in Alcohol Treatment; *Social Problems*, 32 (2); 167-184, 1984.

第4章　セルフヘルプ・グループの機能

はじめに

アルコール医療の世界でセルフヘルプ・グループの果たす役割はきわめて大きい。わが国では、断酒会とAAがその中心的役割を担っており、アルコール依存症からの回復にとって文字どおりなくてはならないものとなっている。両者を比較してその違いを探る研究はすでに多く、匿名制、会長制、会費制といった顕在的な相違点をはじめとして、組織形態、運営形態、文化的・宗教的背景の違いなどの諸側面にわたっての考察がある。[1][2] 回復過程における家族の役割の違いに関しては前章で論じたが、本章では、そうした違いよりもむしろ両者の共通点に焦点をしぼる。同じアルコール依存症者のセルフヘルプ・グループとして両者が共有する部分、共通の機能を検討することから、その効果の秘密を探り、あらためてセルフヘルプ・グループとは何かを考えることにしたい。

1　断酒会とＡＡ――二つの共通点

断酒会の日常活動の中心は「例会」と呼ばれるもので、月に一～数回、会員が集って、体験発表すなわち自分自身の飲酒と断酒をめぐる体験談を語りあう。また、アルコール問題に悩む本人および家族のための「酒害相談」活動も重要な活動のひとつとなっており、公民館などの施設や保健所などで、定期的に市民の相談に応じている。

一方のＡＡの日常活動の中心は「ミーティング」と呼ばれており、週に一～数回開かれるが、内容は体験発表ではなしに、その時々に設定されたテーマをめぐって自分の思いや考えを順に述べてゆくやり方が一般的である。また、「メッセージ」といって、病院や施設を訪問してＡＡを知らないアルコホリックたちにＡＡと自分たちの体験を伝えることも重要な活動のひとつとなっている。

つまり、両者とも、アルコホリックが定期的に集って話をすることをまず第一の柱にしている。特に奇抜な治療プログラムや治療技法があるわけではない。また、いわゆる話し合いや議論で結論を得たり説得することが目的なのでもない。とにかく、集い、お互いに体験や意見を出し合い、それを傾聴すること、すなわち「言いっぱなしの聞きっぱなし」が日々繰り返されるのである。第二に、「酒害相談」や「メッセージ」においては、いまだアルコホリズムの渦中にあって悩み、さまよっているアルコホリックやその家族に対して、自分たちの体験とセルフヘルプ・グループの存在を伝えてゆくことが重視されている。

そして、この一見何の変哲もない二つのこと、すなわち「集うこと」と「伝えること」の繰り返しが多くの回復者を生み出して以来、セルフヘルプ・グループはアルコール医療の世界において欠くことのできない重要な位置を占めるようになった。というよりも、セルフヘルプ・グループの成功によって、それまで治らない病気として精神医療の片隅に追いやられていたアルコホリズムが、治る病気として、初めてまともに相手にされるようになったというほうが正確かもしれない。それほどにセルフヘルプ・グループの意義は大きいのである。それでは、なぜ、このように「集うこと」と「伝えること」が断酒にとって効果的なのであろうか。それを次に検討してみよう。

2　「集うこと」の意味——代替機能と創造機能

アルコホリックたちが定期的に集うというと、同じ問題に悩む者同士が互いに励ましあっている姿がまず思い浮かぶかもしれない。しかし、一口に励ましあうと言っても、そこにはレベルの異なるさまざまな機能が含まれている。むしろ「励ましあい」とは、次のようなさまざまな機能の複合した結果として考えるべきである。

その第一は、飲酒機会の軽減という機能である。断酒にとっての大敵のひとつは「暇」

である。暇をもて余すと酒でも飲みたくなるのが人情であり、特に夕暮れ時から夜にかけてはネオンが恋しくなる「魔の時間帯」ともいえる。例会やミーティングは、夕方から夜にかけて開かれるのが普通である。この時間帯を例会場やミーティング会場で過ごすことによって、少なくともその時間だけは飲まずに過ごすことができる。これは一見消極的な機能のように思えるかもしれないが、特に大都市圏などの場合、その気になれば毎日どこかの例会やミーティングに出席できることから、断酒初期の者がまず飲まない習慣をつくるうえでは、きわめて重要な意味をもっている。

第二は、感情の癒しという機能である。断酒にとってのもうひとつの大敵は孤独である。仲間と出会い言葉を交わすことで、孤独感から免れ、傷つき疲れたこころを癒すことができる。かつては、この役割を酒が果たしていたわけだが、断酒後は例会やミーティングがそれに替わる。集い語りあうことは、ひとりでは処理できない感情の傷や動揺を癒す機能をもっている。

第三は、エネルギーの補給という機能である。今日一日は特に感情の動揺もなく飲まずに済んだというひとでも、明日はどうなるかわからないという漠然とした不安にかられることがある。同じ境遇にある仲間と出会い話を聞くことは、明日からのエネルギーの補給に役立つ。感情の癒しが主としてその日の不安の癒しであるのに対して、こちらは将来に対する不安への対処という性格をもっている。

第四は、対人関係能力の成長という機能である。アルコール依存症には対人関係障害という別名があるとおり、対人関係の形成と維持の能力に欠けることが多く、それが種々のトラブルの原因となり、また再飲酒への引き金となりがちである。したがって、断酒継続と社会復帰に際してはそうした能力の成長が不可欠なのであるが、アルコホリックをとりまく人間関係は失職や離婚などによってすでに崩壊している場合が多い。また、いきなり、この病気に理解のない一般の人々との対人関係を構築することには危険がともなう。こうした状況において、対人関係のあり方を実践的に練習する場として、例会やミーティングが役立つ。安定した対人関係を保ち、それを徐々に拡大してゆけることが社会復帰の目安ともなるのである。

第五に、自己の再発見と再確認の機能である。同じ病気をもつひとには、共通の特徴なり傾向なりがあるものである。自分ひとりでは気づかなかった性格上の問題や考え方の癖が、他人の姿を通して見えてくる。つまり、自分を映し出す鏡として例会やミーティングは機能する。そして、何よりも自分がアルコホリックであること、たとえどれだけ断酒が続こうと二度と飲んではならない人間であることが、出席を続けることによって再確認されるのである。

第六に、スティグマへの対処という機能である。アルコホリックに対する世間の誤解と偏見には根深いものがあり、それが回復と社会復帰とを妨害している。そうした、偏見に際して自己を見失わないために仲間との交流と会の存在が大きな助けとなる。そして、回復者が多数存在することが、偏見を否定する何よりも力強い証拠となるのである。

以上六つの機能のうち、前の三つはそれまで酒が果たしていた役割の代替機能、後の三つは、酒なしの新たな生き方の創造機能として括ることができる。アルコホリックの生活とは、一言でいえば、酒なしにはもはや成り立ちえなくなってしまった生活である。代替機能は、そうした生活から酒をとりさった時に生じる種々のアンバランスに対して、その穴を埋める対症療法的な効果をもつ。一時的にせよ酒の替わりとして機能するのである。しかし、それだけではいつまでたっても本当の回復には到達しない。アルコール依存が「断酒会依存」や「ＡＡ依存」に変わったに過ぎないからである。そこで必要になってくるのが新たな生き方の創造である。創造機能は、酒なしでもバランスのとれた新たなライフスタイルを生み出すのを助け社会復帰能力を高める。断酒初期の者には代替機能が、断酒を長期的に継続するためには創造機能の活用が重要な意味をもつことになる。

3　「伝えること」の意味——援助者療法原理

伝えることの重要性は、断酒会、ＡＡの両者においてはっきりと謳われている。断酒会の「断酒の誓い」には、「私たちは、酒癖に悩む人々の相談相手となって酒をやめるように勧めます。」という一文がある。[3] ＡＡの「12の伝統」（本書九九頁）の五番目には「各グループの主要目的はただ一つ、まだ苦しんでいるアルコール中毒者にメッセージを運ぶことである。」とある。さらに、ＡＡのビッグブックの第二版序文（ＡＡ小史）には、「一人のアルコール中毒者が、アルコール中毒でない人にはできない影響を、他のアルコール中毒者に与えることができる。……アルコール中毒者の、別のアルコール中毒者への働きかけは、永続的回復のために不可欠のものである」という一文もある。[4]

「伝えること」が重要である理由としては、組織の安定化ということがまず考えられよう。すなわち、新たな会員を獲得し組織を拡大して活動を活発化するといった側面である。しかし、それはむしろ副次的な機能というべきである。「伝えること」には、セルフヘルプ・グループ成立の根幹にかかわるもっと積極的な意味がある。それは、「援助者療法原理」（Helper Therapy Principle）と呼ばれるものである。[5] 援助者療法とは、文字どおり、援助者の役割をとる治療法という意味であり、援助される側にいたのでは見えなかったことが、援助する側に立つと見えてくるという単純明快な原理に基づいている。教えられる側にいたのでは本当に理解できなかったことが、ひとに教えてみて初めて深く理解できたという経験はおそらく誰にでもあるはずである。ひとにうまく教えられないとき、伝わらないときには、そもそも自分自身がよくわかっていないのだ、というのもよくある話である。援助される側から援助する側への役割転換は、問題の正確な理解を促進し、結果として自分自身を見つめ直す契機を与える。ひとを助けることで自分が助かるのである。

ところで、われわれは、通常、援助するのは医師やソーシャルワーカーなどの専門家であって、患者や家族はあくまで援助される側であると素朴に信じている。しかし、こうした役割の固定化は、結果として、患者や家族から問題を深く理解する契機を奪い、それを専門家が独占することを意味する。セルフヘルプ・グループは、この契機を患者や家族が活用し実際に体験することを主眼に成立しているのである。ただし、このことは、専門家が不要であることを意味するわけではない。患者の体験や知識にはたしかにリアリティと説得力があるが、一方で個別性の域を出ないという限界もあり、むやみに一般化することには危険がともなう。そうしたことのチェックは明らかに専門家の役割であろうし、また、専門知識をもつ専門家にしかできない指導や助言があることもまた自明のことである。要は、援助者役割の専門家による独占が問題なのであって、どちらか一方だけを過大評価することは危険である。セルフヘルプ・グループの効果を最大限引き出すには、こうした危険性にも配慮する必要がある。

おわりに

セルフヘルプ・グループの効果の源泉には、「集うこと」と「伝えること」の二つの側面がある。この両側面が相まってはじめて断酒が可能になるわけだが、これらがうまく機能する前提に、「無力」という重大な認識があることも忘れてはならない。「断酒の誓い」も「12のステップ」もともに、アルコールに対して無力であり、自分ひとりではそれをコントロールできなくなったことを認めることから始まっている。もし、この「無力」という認識がなかったならば、集う必要も伝える必要もなく、ひとりで勝手に断酒をすればよいことになってしまう。しかし、それはほとんど不可能に近い。「無力」という考え方が、「集うこと」と「伝えること」を動機づける最大の原動力となっているのである。

セルフヘルプ・グループの効果の秘密はまず第一に、この「無力」という重要な認識に到達したことにある。しかし、それにも増して重要なのは、「無力」という認識に、「集うこと」と「伝えること」という形式を与えた点である。移ろいやすく侵されやすい認識が、形式を与えられることで補強され継続される。そして、この認識の継続がそのまま断酒の継続を保証することになるのである。セルフヘルプ・グループは、認識と形式の見事な調和によって、その地位をゆるぎないものにしているといえる。

〔参考文献〕
（1）野口裕二・斎藤学「断酒会と家族」現代のエスプリ、二四四号、一〇四―一一二頁、一九八七年。（本書第3章）

（2）野口裕二「アルコール依存患者への地域ケアとセルフヘルプ・グループ」生活教育、三一巻一一号、一九八七年。
（3）全日本断酒連盟『躍進する全断連』一九八七年度版。
（4）*Alcoholics Anonymous*, AA World Service Inc., 1939.（ＡＡ文書委員会訳編『無名のアルコール中毒者たち：アルコール中毒からの回復』ＡＡ日本ゼネラルサービスオフィス、一九七九年）
（5）Gartner, A. and Riessman, F.: *Self-help in the human services*, Jossey-Bass, 1977.（久保紘章監訳『セルフ・ヘルプ・グループの理論と実際』川島書店、一九八五年）

第5章　セルフヘルプ・グループの原点：AA

はじめに

アルコール依存症者のためのセルフヘルプ・グループAA（Alcoholics Anonymous）は、セルフヘルプ・グループの原点といわれている。歴史的に最初に成功したセルフヘルプ・グループであるだけでなく、その規模においても世界最大を誇っている。また、AAの成功以降、類似のグループが次々に生まれたことも、原点と呼ばれるゆえんである[1]。薬物依存者のためのNA、ギャンブル中毒者のためのGA、過食症者のためのBA等々が、AAの方法をモデルとして活動している。このような歴史的事実として、AAはまぎれもなくセルフヘルプ・グループの原点といえる。しかし、それにもまして重要なのは、セルフヘルプという思想を明確化し、実践をとおしてその有効性をいまなおわれわれに示し続けている点にある。

1　AAの誕生と現況

AAの誕生は、ビルとボブの伝説的な出会いに始まる。一九三五年、ニューヨークの株式仲買人ビルは、仕事でオハイオ州アクロンに赴く。そこで仕事がうまくいかずに、「また飲み出すかもしれない」という不安にかられる。彼はそれまでにもさまざまな出会いのなかから、「アルコホリックだけがアルコホリックを助けることができる」という信念をもっていたが、このとき、彼は「自分を救うために、もうひとりのアルコホリックにメッセージを運ぶべきだ」と突然悟る。そのもうひとりのアルコホリックが、アクロンの医者ボブだったのである。

ボブはビルとの出会いを次のように述べる。「もっともたいせつなことは、彼がアルコホリズムに関連して、自分の話していることを体験によって知っている、これまで私と話した最初の生きた人間だったことである。いいかえれば、彼は私のことばを話したのである。」この出会いがAAの誕生の時とされている。

その後、各地にグループが生まれ、四年後には *Alcoholics Anonymous* が出版されて、多くの人々に知られるようになる。なお、この本（ビッグブックと呼ばれる）は、三〇〇刷以上を重ね、英語版だけでも一五〇万部以上の隠れたベストセラーとなっている。そして、現在、一三〇ヵ国以上に二〇〇万名の会員を擁する世界的な規模のグループに成長したのである。

AAの日本への導入は一九五五年前後にさかのぼるが、活動が活発化したのは一九七五年ごろからである。当初は、メリノール教会が大宮地区および山谷地区で始めたMACハウスという中間施設での活動が主であったが、現在は全国的に広がって、全国に二九〇グループ、およそ四〇〇〇人のメンバーを擁している。

AAの日常活動の柱のひとつは「ミーティング」と呼ばれ、週に一～数回、教会や公的施設などを会場にして開かれている。ミーティングにはいくつかの種類があるが、その中心となるのは、アルコホリック本人以外は参加できない「クローズド・ミーティング」である。その時々に設定されたテーマをめぐって参加者全員が順に自分の思いや考えを述べてゆく。なにも言いたくなければ「パス」すればよい。そして、議論や説得をするのではなく、とにかく、集い、お互いに体験や意見を出しあい、それを傾聴すること、すなわち、「言いっぱなしの聞きっぱなし」が日々繰り返される。

活動のもうひとつの柱が「メッセージ」であり、ビルがボブに届けたものにほかならない。定期的に病院や施設を訪問して、入院（所）中のアルコホリックたちに、AAの存在とその考え方、そしてみずからの体験を伝えるというかたちをとるのが一般的である。

2　12のステップ

AAの基本的な考え方と方法を定式化したものが、12のステップ[2]と12の伝統[3]である（表1・2参照）。12のステップは、ひとことでいえば回復のためのプログラムである。ソブラエティ（飲まないで生きること）を達成するために乗り越えるべき道筋が段階的に示されたものといえる。一方の12の伝統は、AAという共同体が確実に成長し存続するために留意すべき原則が定められている。一種の組織綱領といってよい。

まず、12のステップからみてゆこう。その第一は、「われわれはアルコールに対して無力であり、生きていくことがどうにもならなくなったことを認めた。」から始まる。アルコールを自分でコントロールできるという誤った信念をまず捨て去ることが、回復の第一歩であることがはっきりと宣言されている。いったん飲み出すと適当なところでやめられない、つまり、ふつうの飲み方ができない体質になってしまっていること、したがって、たとえ一杯でも手を出してはいけないことが、この「無力」という言葉にこめられている。

ところで、アルコホリックたちにとって、この認識はきわめて重い意味をもっている。この認識に到達できないからこそ、彼らは飲み続けてきたからである。逆にいえば、このステップを認めたとき、彼らははじめて、単なる酒好きや酒豪から病者になる。酒を適切にコントロールできない病気（＝アルコール依存症）にかかっていることを認めることに

表1　AAの12のステップ

1　われわれはアルコールに対して無力であり、生きていくことがどうにもならなくなったことを認めた。
2　われわれは自分より偉大な力が、われわれを正気に戻してくれると信じるようになった。
3　われわれの意志といのちの方向を変え、自分で理解している神、ハイヤー・パワーの配慮にゆだねる決心をした。
4　探し求め、恐れることなく、生き方の棚卸表を作った。
5　神に対し、自分自身に対し、もう一人の人間に対し、自分の誤りの正確な本質を認めた。
6　これらの性格上の欠点をすべて取り除くことを神にゆだねる心の準備が、完全にできた。
7　自分の短所を変えて下さい、と謙虚に神に求めた。
8　われわれが傷つけたすべての人の表を作り、そのすべての人たちに埋め合わせをする気持になった。
9　その人たち、または他の人びとを傷つけない限り、機会あるたびに直接埋め合わせをした。
10　自分の生き方の棚卸しを実行し続け、誤った時は直ちに認めた。
11　自分で理解している神との意識的触れ合いを深めるために、神の意志を知り、それだけを行なっていく力を、祈りと黙想によって求めた。
12　これらのステップを経た結果、霊的に目覚め、この話をアルコール中毒者に伝え、また自分のあらゆることに、この原理を実践するように努力した。

なるのである。アルコール依存症は、別名「否認の病」ともいわれる。どんなに失敗を繰り返しても、自分が病気であることを認めようとせず、「これはなにかのまちがいであり、いつかはふつうに飲める日がまたくる」という思いを頼りに、彼らはアルコールと格闘し続けている。そして、どんどん深みにはまってゆく。この「否認」を打ち砕いたところに姿を現わす認識が、この第一ステップなのである。

ステップ2と3は、「無力」を認めた後の自分の位置を明確にしてくれる。無力なまま独りで格闘するのではなく、無力であるがゆえに、個を超えた大きな力にわが身をゆだねる必要があることを教えている。ここで、「偉大な力」、「自分で理解している神」、「ハイヤー・パワー」は、すべて同じものを指している。人間を超えた存在といえば「神」ということになるのだが、「神」という言葉は特定の宗教を連想させて拒否反応を招くことがある。そうした拒否反応を回避するために、「神」の本質を「偉大な力」といいかえ、「自分で理解している」と留保することで、宗派の違いにかかわらず受け入れられる配慮がなされている。

ステップ4と5は、アルコホリックにとって問題だったのは酒ではなく、むしろそれ以上に、生き方の問題であったことを認めるステップである。「酒さえやめればいいんだろう」というおなじみのせりふが誤りであることを指摘している。酒をやめただけでは問題は解決しない。そうではなく、酒を必要としていた自分の生き方をこそ変える必要がある。

そのためには、半生を振り返り、みずからの生き方を洗いざらい点検しなおす作業（＝棚卸し）が必要となる。

ステップ6と7は、そうして見つけ出された自分の欠点を「神」の前に明らかにして、その克服を「神」の手にゆだねるステップである。ステップ2・3とステップ4・5とが見事に統合されるステップでもある。

ステップ8と9は、自分の生き方の誤りが単に自分だけの問題だったのではなく、他人を巻きこみ傷つけるものであったことを教えている。そして、それを過ぎ去ったこととしてかたづけるのではなく、いまからでも埋め合わせをすべきであること、それほどに与えた傷は深いものであることが示されている。

ステップ10と11は、これまでのステップの総括と再確認といえる。個々のステップを単なる通過点とするのではなく、つねに、それぞれのステップの意味を思い出し嚙みしめながら生きるべきこと、そのために「神」との意識的ふれあい（＝祈り）に集中すべきことが述べられている。

そして、最終の12ステップで、ビルとボブの出会いにみられた原理が示される。ＡＡにつながることで自分に起こった変化を「霊的な変化」と捉え、それを他のアルコホリックに伝えてゆくことの重要性が主張されるのである。

以上のステップの流れから、「無力」、「ハイヤー・パワー」、「棚卸し」、「ゆだね」、「埋め合わせ」、「祈り」、「伝え」といったキーワードを抽出することができる。そして、酒だけに集中していた意識が、性格上の問題、対人関係上の問題へとシフトされ、それらが全体として「個と神」という、より包括的な構図のなかに収められ位置づけられるプロセスを見出すことができる。

3　12の伝統

12の伝統は、ＡＡという共同体のあるべき方向と、陥ってはならない誤りを明確に示している。それは、メンバー個人、グループ、外部という三つの次元に分けて考えるとわかりやすい。

まず、第一の次元は、メンバー個人に関するものである。伝統3において、ＡＡのメンバーシップの要件は「酒をやめたいという願望だけ」と規定されている。酒をやめたい人ならだれでも受け入れられることが示されるとともに、社会的地位や属性とは無関係に、だれでも酒をやめられる可能性があることが暗示されている。また、個人とグループとの関係については、伝統1と12で、個人よりもグループが優先すべきことがはっきりと示されている。ＡＡの名前の由来にもなっている無名性（Anonymity）も、個人が実名で活動すると個人がグループよりも優先されてしまう危険性があることに対して、先手を打った

表2　AAの12の伝統

1　第一にすべきは全体の福利である。個人の回復はAAの一体性にかかっている。

2　われわれのグループの目的のための最終的権威はただ一つ、グループの良心の中に自分を現わされる、愛なる神である。われわれのリーダーは奉仕を委された僕（しもべ）にすぎず、彼らは決して支配しない。

3　AAのメンバーであるために要求される唯一のことは、酒をやめたいという願望だけである。

4　各グループは完全に自律的でなければならない。ただし、他のグループまたはAA全体に影響をおよぼす事柄においてはこの限りではない。

5　各グループの主要目的はただ一つ、まだ苦しんでいるアルコール中毒者にメッセージを運ぶことである。

6　AAグループではいかなる関係ある施設にも、外部の企業に対しても、保証や融資やAAの名前を貸すことをしてはならない。金銭や所有権や名声の問題が、われわれを大事な目的からそれさせる恐れがあるからである。

7　すべてのAAグループは外部からの寄付を辞退して、自立しなければならない。

8　AAはどこまでも非職業的でなければならない。しかし、サービス・センターのようなところでは専従の職員をおくことができる。

9　AAそのものは決して組織化されてはならない。しかし、サービスの機関または委員会をつくることはできる。これらの機関は、グループやメンバーからの付託に直接応えるものである。

10　AAは外部の問題には意見を持たない。したがって、AAの名は公の論争でひき合いに出されるべきでない。

11　われわれの広報活動は宣伝により促進することよりも、ひきつける魅力に基づく。新聞・電波・映画の分野で、われわれはいつも個人名を伏せるべきである。

12　無名であることは、われわれの伝統全体の霊的基礎である。それは各個人よりもAAの原理が優先すべきことを、いつも、われわれに思い起させるものである。

ものといえる。

第二の次元は、グループに関するものである。グループの目的として、「まだ苦しんでいるアルコホリックにメッセージを運ぶこと」がはっきりと述べられている（伝統5）。この目的は、いうまでもなく12のステップの最終ステップであり、個人の目標とグループの目標とが見事に一致させられている。また、グループの最終的権威は「神」であってリーダー個人ではないこと（伝統2）、グループがひとつの活動単位として自律的であること（伝統4）、非職業的であること（伝統8）、非組織であること（伝統9）は、組織運営上の問題に費やすエネルギーを最小限に抑え、そのぶん、グループの本来の目的の達成に向けて全力集中するための工夫といえる。

第三の次元は、対外的な関係に関するものである。AAは、対外的な関係のもち方に関してきわめて禁欲的である点で特徴をもつ。「外部からの寄付を辞退して自立すること」（伝統7）、「AAとして外部の問題に意見をもたないこと」（伝統10）、「新聞・電波・映画の分野で個人名を伏せるべきこと」（伝統11）は、個人の次元で述べた「無名性」ということの中身をより明瞭に規定するものである。そして、それは「金銭や所有権や名声の問題が、われわれを大事な目的からそれさせる恐れがある」（伝統6）という認識に基づいている。組織内部の問題に関してみられたのと同様の、徹底した目的合理主義が貫かれ、よけいなことにかかわることによる弊害が見事に予防されている。こうした配慮をすることで、AAの本来の目的が逆にはっきりと浮かび上がってくるしかけになっている。

以上のことから、AAの最大の特徴ともいえる「無名性」は、個人、グループ、対外関係の三次元すべてを貫く原理であり、ソブラエティという目的に対する最も合理的で有効な手段であることがわかる。"Anonymous"を名称に冠するゆえんである。一方、この「無名性」は、通常の対人関係にみられる称賛や評価などにともなう満足感を禁欲することによって、逆にある種の空虚感を抱かせる危険性をもつ。そうした危険性を打ち消すのが、ステップと伝統に繰り返し登場する「神」の存在である。「神と個」という根源的な構図が、他者との関係の希薄化を補い、それにとってかわる役割を果たすのである。

4　セルフヘルプという思想

12のステップと12の伝統は、アルコール依存症という病気から回復するための道筋と、その過程で注意すべき問題とを、必要かつ十分な範囲でコンパクトにまとめあげている。それは、無数のアルコホリックたちによる膨大な試行錯誤と犠牲に基づく知恵の集大成でもある。と同時に、こうしたAAの方法が、医学のいわば空白地帯から生まれてきたことも無視できない重要な点である。

そもそも、アルコール依存症は長いあいだ、いわゆる病気としてではなく、むしろ「道徳的な欠陥」として扱われてきたという歴史がある。このことは、現在もなお根強く存在する「アル中＝意志薄弱」という偏見をみれば明らかである。[4] それが、精神病院に収容されるようになり、一応病気として扱われるようになったとはいえ、長いあいだそれは治らない病気であった。せいぜい、「道徳的欠陥」というレッテルが「性格異常」という医学的診断に書き換えられたにすぎなかった。病気と認識されながら治療方法がないという医学的空白状況は、アルコホリック本人に自力で回復方法を見つけさせる強烈な動因となる。これが、ＡＡ成立の重要な背景要因なのである。セルフヘルプは、他者によるヘルプや制度的ヘルプを欠いたところで、というよりも欠いていたからこそ、その第一歩を踏み出すことができたといえる。

しかし、こうした医学的空白状況は、なにもアルコール依存症に限ったことではないのも、また事実である。難病と呼ばれる数多くの疾患が、現在の医学では完治できないという意味で同じ状況に置かれている。そうしたなかで、アルコール依存症がとくにセルフヘルプの先駆けとなった理由は、他に求められなければならない。それは、この病気がもつ独特の性質、すなわち、12のステップでもふれられていたように、この病気がけっして患者の内部で単独に進行するのではなく、他人を巻きこみ傷つけるかたちで進行することと関係している。

アルコホリックたちは、酒をやめられない自分を責め苛むと同時に、やめられないことを他人のせいにすることにも長けている。つまり、「なにかが、だれかが（たとえば妻の態度が）変わればやめられるはずだ」と自分に言い聞かせている。自分でやめるのではなく、他者がやめさせてくれるのを期待しているのである。しかし、こうした他者依存的な思考を続けるかぎり、やめることはできない。やめられない理由などいくらでも思いつくものだからである。ほんとうにやめ続けるためには、他者にやめさせてもらうのではなく、他者とは無関係に、自分がやめる必要がある。他者に依存しているかぎり抜け出せない罠が、この病気にはしかけられているのである。他者の援助を期待しないという決断が、アルコール依存症からの回復には不可欠の要件となる。

さらに、このことの裏返しとして、他者が助けることができないという点も重要である。アルコホリックの世話を焼き、後始末に明け暮れ心配をすることは、アルコホリック本人が引き受けるべき責任を肩代わりし、アルコホリックが直面すべき苦労や困難を覆い隠すことを意味する。(5)「他者がやめさせてくれる」という彼らの論理に手を貸すことになるのである。常識的な意味での手助けが手助けにならず、それとはまったく逆の効果、すなわち、病気の進行の手助けになってしまうのが、この病気の進行のパラドキシカルな特徴なのである。したがって、真に回復を願って手助けしたいならば、なにも手助けをしないことだという逆説が成立する。他者は、少なくとも常識的な意味では、助けることができないのである。

以上のことから、ＡＡの成立には、アルコホリックへの援助に関する三重の困難が関与していたことがわかる。ＡＡは、まず第一に、医師などの他者の援助が期待できないという状況で生まれた。そして、第二に、家族などの周囲の他者に援助を期待しているうちは治らない病気であり、第三に、周囲の他者が援助することはできない病気であるということが重なっていたわけである。この三重の苦境が、同じ病気をもつ者同士の連帯、すなわち、セルフヘルプへと向かわせた。それ以外に方法がないという状況が、セルフヘルプという思想を開花させる大きな原動力となったのである。

おわりに

セルフヘルプの思想がアルコール依存症という病気をめぐってかたちづくられたことは、けっして偶然ではない。その理由はいま述べたとおりである。アルコール依存症という病気のもつ独特の性質をポジとすれば、それをすべて引っ繰り返したネガとして成立したのが、ＡＡだったのである。ある病気に関してセルフヘルプが有効であるということは、逆にいえば、他の形態のヘルプが有効でないか、不可能であることを意味する。ＡＡの思想はそうした八方塞がりのぎりぎりの地点で生み出された。「セルフヘルプも有効」なのではなく「セルフヘルプだけが有効」だったことが、ＡＡがいまなお、セルフヘルプ・グループの原点であり続けている最大の理由なのである。セルフヘルプの有効性と可能性という大きな問いを考えるうえで、このことはきわめて重要なヒントを与えているように思われる。

〔参考文献〕

（1）Gartner, A. and Riessman, F.: *Self-help in the human services*, Jossey-Bass, 1977.（久保紘章監訳『セルフ・ヘルプ・グループの理論と実際』川島書店、一九八五年）
（2）*Alcoholics Anonymous*, AA World Service Inc., 1939.（ＡＡ文書委員会訳編『無名のアルコール中毒者たち：アルコール中毒からの回復』ＡＡ日本ゼネラルサービスオフィス、一九七九年）
（3）ＡＡ文書委員会訳編『一二のステップと一二の伝統』一九八二年。
（4）野口裕二「アルコホリズムとスティグマ」現代のエスプリ、二五五号、一六一―一七〇頁、一九八八年。（本書第1章）
（5）斎藤学『嗜癖行動と家族』有斐閣、一九八四年。

Ⅲ　臨床社会学

第6章　集団精神療法

はじめに

集団精神療法はアルコール依存症からの回復に不可欠の要素とみなされ、現在、多くの治療プログラムにおいて中心的な役割を果たしている。しかしながら、わが国においては、これに関する体系的な記述はほとんどみられず、研究報告もきわめて少ないという矛盾した状況がある。こうした事態が生ずる背景には次のような理由が考えられる。

第一に、集団精神療法、および、精神療法一般に共通する'art'としての側面である。言語化することが単に難しいだけでなく、安易な言語化は誤った理解を導く可能性があり、言語化や理論化よりも経験と直感によって学ぶことが重視される傾向がある。第二に、AAや断酒会がある種のモデルを提供してくれるので、理論を学ばなくともそれらを参考に集団精神療法を実践することが可能であることがあげられる。もともと、アルコール医療の領域においては、セルフヘルプ・グループの成功に刺激されて集団精神療法の有効性が認められるようになった経緯もあり、両者は不即不離の関係にある。第三に、患者の行動修正は結局のところ患者の「底つき体験」によってもたらされるのであって、技法上の工夫によるものではないという一種のシニシズムの存在もあげられる。

以上の理由から、アルコール依存症の集団精神療法にはこれまで十分な理論的考察がなされてこなかったと考えられる。しかしながら、専門病院だけでなく外来クリニックや保健所など集団精神療法を実施する機関が多様化し、同時に、関与する職種も多様化している現在、集団精神療法のあり方を整理し、それらに共通する原則をあらためて確認しておく必要が生じている。また、セルフヘルプ・グループへの参加を治療プログラムの一環にとり込むことが標準的となっている現在、それとの違いを理解しておくことも必要である。以下、集団精神療法の有効性、多様性、原則、セルフヘルプ・グループとの比較、および、治療者の役割について論ずる。

1　集団精神療法の有効性

集団精神療法がアルコール依存症からの回復に有効である理由として、バニセリ（Vannicelli, M.）は次の三点を指摘している。①同様の問題を抱える人々と問題を共有し確認できる。②アルコール依存症に対する自分の態度や断酒に対する防衛に関して、同様の態度や防衛をもつ人々と対面することにより理解を深められる。そして、③要求や感情をより直接的に伝えることを学習できる。[1]

以上の三点のうち、①と②は、自分を映し出す鏡としてのグループの役割に着目するものである。アルコール依存症の治療目標にひきつけていえば、否認をはじめとする特有の防衛機制の打破に関する有効性である。一方、③は、対人関係形成の練習場としてのグループの役割に着目するものといえる。対応する治療目標としては、断酒の維持を促進する対人関係様式の獲得があげられる。防衛の打破と対人関係様式の修正というこの二つの治療目標は、いうまでもなく、断酒を継続させる二つの大きな要因であり、集団精神療法はこの二つの目標を同時に達成する方法といえる。

ところで、以上の機能のうち、①と②については、集団精神療法（group psychotherapy）に固有の機能というよりは、ＡＲＰをはじめとする集団療法（group therapy）一般に共通する機能であり、また、セルフヘルプ・グループにおいても見出せる機能である。一方、③は、集団精神療法においてより効果的に達成されるものといえる。

2　集団精神療法の多様性

集団精神療法の分類に際して、シンガーら（Singer, D. L. et al.）は次の二つの分類軸を提案している。[2] ひとつは、課題に関する軸で、〈学習〉と〈変化〉を両極にしてその中間形としての〈学習と変化〉を含む三類型からなる。〈学習〉は認知レベルの知識の修得を意味し、〈変化〉は対処能力やパーソナリティ構造の変化を意味する。アルコール医療の領域における〈学習〉のグループとしては、治療導入初期の教育グループ、家族教室などがあり、そこでは疾病の理解と回復の道筋についての学習が主な目的とされる。また、入院中におこなわれる集団精神療法は、〈学習と変化〉を狙うものとして位置づけられる。さらに、退院後の外来ミーティングをはじめとして、ひととおりの学習を終えた後におこなわれる集団精神療法はすべて〈変化〉に焦点を合わせるものといえる。

もうひとつの軸は、介入の焦点となるレベルである。〈集団〉、〈対人〉、〈個人〉の三レベルが設定される。〈集団〉レベルは文字どおり集団内での出来事や集団全体の力動に着目し、〈対人〉レベルはある特定のメンバー間で生じた相互作用に着目し、〈個人〉レベルはある個人の内部で生じた精神力動に着目するものである。これら三つのレベルはあくまで、治療者の焦点づけの違いを意味するものであって、同時に生起しまた観察しうるものであることに注意する必要がある。

この三つのレベルを区別することによって、現在のアルコール医療の領域で実践されている多様な集団精神療法を分類することができる[3]。

まず、〈集団〉レベルに焦点づけられた具体例としてはＡＡがあげられる。「言いっぱなしの聞きっぱなし」を原則に、対人レベルの葛藤の生起を注意深く排除し、同時に、個人の内的世界に関する解釈や分析をも排除して、もっぱら集団の存在を前景に立たせるやり方は、まさに集団レベルの焦点化の典型例といえる。

次に、〈対人〉レベルの例としては、特定のテーマを決めて自由に議論をするクロストーク型のグループがある。そこでは、対人緊張や対人葛藤を含めて対人レベルの相互作用のあり方自体が注意深く観察され介入の焦点とされる。

最後に、〈個人〉レベルの例としては、サイコドラマをあげることができる。そこでは、集団は個人の単なる集合とみなされ、リーダーはあくまで個人に働きかけ、それ以外の参加者は「第二の自己」ないしは「重要な他者」としての役割をとることになる。また、特定の患者に対するコンフロンテーションを集団場面でおこなう場合もこの例に含まれる。

以上の類型化はあくまで論理的な分類であって、実際には、ひとつの集団精神療法場面において複数のレベルの焦点づけを使いこなす場合も多いと思われる。特に、スタッフや患者の数に制約されて、患者の特性に応じた多様なグループを用意することが困難な場合には、ひとつのグループのなかで複数の焦点づけをせざるをえないという状況が生じる。しかしながら、患者の特性によって必要な課題と焦点づけのレベルが異なることはつねに留意すべき点である。

3　治療上の原則

マタノとヤロム（Matano and Yalom）は、アルコール依存症の疾病概念に独自の対人関係論的視点を加味しながら、治療に際して留意すべき原則として次の五点をあげている。(4)

(1)　飲まないことを優先させる

とりわけ治療初期の段階では、対人関係上の問題に対するアプローチは原則として控え、断酒にともなう不安や不満に対するサポートを何よりも優先させることが必要である。そして、断酒を継続するためにサポーティブな対人関係の構築がどうしても必要と判断される場合に限り、対人関係に関するアプローチを試みるべきである。

(2)　アルコール依存症者であることを認めるように導く

これには二つの含意がある。ひとつは、直接的に否認を突き崩す効果であり、もうひとつは、グループのメンバー間に共通の目的をもたらす効果である。メンバーの同質性の認識は、とりわけ治療初期の段階にともないがちな孤独感、不信感、恥辱感に対抗する力となる。

(3)　不安レベルを調整する

アルコール依存症者は不安耐性が低く、それが容易に行動化に結びつくことはよく知られている。集団精神療法の場は、自己開示や感情表出などによって不安レベルが高まる場でもある。したがって、治療者はつねに患者たちの不安レベルが許容レベルを越えないように配慮し、もし越えた場合には、不安を根こそぎとり除くのではなく、患者グループのもつ許容レベルにまで引き下げる努力が必要となる。

(4) 責任の所在を明確にする

アルコール依存症の一般的な疾病概念はその生理学的実体を強調する。その結果、患者を自責の念から解放する一方で、すべての責任の所在を曖昧にするという問題をもたらす。患者が責任を放棄できるのは、あくまで生理学的な嗜癖過程に関してのみであって、回復には責任があることを明確にする必要がある。すなわち、最初の一杯の後のコントロール喪失は生理学的プロセスであるが、最初の一杯そのものは患者自身が責任を負うべき行動であることを明確にする。

(5) セルフヘルプ・グループの考え方をとりいれる

セルフヘルプ・グループの有効性が認められ治療プログラムの一環に組み込まれている現在、セルフヘルプ・グループの考え方をとりいれて、その独特の考え方に患者を慣れさせておくことも必要である。またセルフヘルプ・グループについての誤解を解くこともこの作業に含まれる。

以上の五つの原則は、集団精神療法のさまざまな場面に共通する基礎的な原則として留意すべき点である。

4 セルフヘルプ・グループとの比較

アルコール依存症の集団精神療法は、セルフヘルプ・グループから多くを学んで発展してきた。したがって両者には共通する面が多く、現実にAA方式とほとんど同様のやり方で運営されているグループもあり、両者に本質的な差異はないとする立場もある。しかしながら、もし仮にセルフヘルプ・グループとまったく同じであるのならば、専門家が関与してグループを維持する理由は希薄になる。両者の共通点と相違点を検討するにあたり、まず、セルフヘルプ・グループの特徴を明確にしておく必要がある。

セルフヘルプ・グループのもつ治療的効果の源泉は、代替機能と創造機能の二つに分けることができる[5]。代替機能は、それまで酒が果たしていた機能を代替するもので、具体的には、不安の軽減や情緒的な傷の癒しといった作用を意味する。酒なしにはもはや成立しえなくなってしまった生活から酒をとり去った時に生じる空白を埋める機能といいかえることができる。もう一方の創造機能は、酒なしの新たな生き方を創造していく機能である。具体的には、対人関係能力の成長、自己の再発見と再確認、スティグマへの対処といった下位機能を含む。酒なしでの生活を可能にする認知・態度レベルの変容、および適切なソーシャルスキルの獲得などを意味する。代替機能がアルコール依存を「AA依存」や「断酒会依存」に変えて当面の断酒に役立つのに対して、創造機能は、長期的な断酒の継続を支えるより安定的なライフスタイルを創造・獲得する機能を指している。

セルフヘルプ・グループの機能を以上のように捉えるとき、少なくとも機能面においては集団精神療法との間に大きな違いはないことがわかる。断酒の維持という目標に関してグループがなしうることに基本的な差異はないことはむしろ当然ともいえる。両者において違いがあるのは、機能ではなく機能を引き出すための構造である。最も端的な違いはいうまでもなく治療者という専門家が参加するか否かという点にある。治療者は、前述した課題や焦点づけのレベルの設定といった治療構造の維持に関する役割を果たす。セルフヘルプ・グループではこうした構造はあらかじめ決められており自由に変更することができないことを考えると、治療者の存在は大きな構造上の違いであり、その存在のあり方がどのような機能を引き出すかを規定している。

5　治療者の役割

治療者の役割には二つの側面がある。ひとつは、グループ運営の中心となる積極的な行為者としての側面である。特定の課題を設定したり焦点づけのレベルを設定したり、あるいは、コンフロンテーションをおこなうなど、参加者の特性や人数などを考慮しながらより有効な方法を選択し実行することができる。しかし、このような利点は同時に欠点にもなる。治療者の裁量に任される面が大きくなるぶん、治療者の力量がグループにそのまま反映し、治療者に向けられる攻撃も多くなり、グループの維持そのものが困難になるといった場合も出てくる。また、グループに参加するのでなく治療者個人にのみかかわろうとする傾向を引き出す場合もある。

このような状態を回避するには、治療者の裁量に任される部分を少なくし、最小限のルールのみを設定して、あとはグループの自然の力動に任せる以外に手はない。このやり方は言うまでもなく、セルフヘルプ・グループのやり方に限りなく近づくことを意味する。そして、このような場合、治療者は、グループに操作介入する積極的な存在としてではなく、他の参加者と同じ無力な一参加者として、逆説的にグループの存在を前景に立たせる役割を担う[6]。これが、治療者役割のもうひとつの重要な側面である。治療者は、セルフヘルプ・グループ的な構造の有効性をみずからの力量を否定することによって浮き立たせることができる。斎藤はこれを「治療的無力」と呼び、他者への依存を特徴とするアルコール依存症者の集団精神療法においてとりわけ有効な戦略とみなしている[7]。

このように考えるならば、「治療的無力」に基づく集団精神療法は単にセルフヘルプ・グループの方式を真似たものではなく、むしろ、セルフヘルプ・グループのもつ機能を純化しより効果的に引き出すための方法であることがわかる。一見、セルフヘルプ・グループと大差ないようにみえるグループにおいて、治療者の役割と存在はこの点で重要な意義をもつのである。

おわりに

最初に述べたとおり、集団精神療法は一般に'art'としての側面を多分にもっており、結局のところ、治療者の個性に応じた手法を創造してゆく以外にないという面をもっている。また、外来か入院かといった治療構造の違いや対象となる患者の特性によって、可能な手法が制約されることも避けられない点である。しかしながら、一方で、いままで述べてきたグループの分類やグループ運営上の原則を念頭に置くことは、与えられた条件を最大限生かしていくうえできわめて有効な視点をもたらすはずである。これらをふまえて、さまざまな臨床実践のなかから、効果的な集団精神療法に共通する語彙と文法をひとつずつ積み重ねていくことが求められている。

〔参考文献〕

（1）Vannicelli, M.: Group psychotherapy with alcoholics-special techniques. *Journal of Studies on Alcohol,* 43 (1): 17-37, 1982.
（2）Singer, D. L., et al.: Boundary management in psychological work with groups. *Journal of*

Applied Behavioral Science, 11 (2): 137-176, 1975.

(3) Flores, P. J.: *Group psychotherapy with addicted populations*. Haworth Press, 1988.

(4) Matano, R. A. & Yalom, I. D.: Approaches to chemical dependency: chemical dependency and interactive group therapy — a synthesis. *International Journal of Group Psychotherapy*, 41 (3): 269-293, 1991.

(5) 野口裕二「自助グループの機能」現代のエスプリ、二五五号、二一二―二一九頁、一九八八年。（本書第4章）

(6) 野口裕二「集団精神療法における対人関係パターンの変化」アルコール医療研究、四巻四号、三三五―三四〇頁、一九八七年。（本書第7章）

(7) 斎藤学「アルコホリック家族と共依存」、斎藤学・高木敏・小阪憲司編『アルコール依存症の最新治療』二三五―二七四頁、金剛出版、一九八九年。

第7章　集団精神療法の微視社会学

はじめに

アルコール依存症からの回復にとって、集団精神療法が有効であることはすでによく知られており、治療プログラムの多くに組みこまれている。その有効性は治療導入、入院、通院、社会復帰といったプログラムの諸段階に及ぶが、セルフヘルプ・グループの影響もあって、とりわけ、断酒の継続とそれを支える対人関係パターンの変化をはかるうえで効果的とされている。本章で焦点をあてるのは、断酒継続の鍵を握るともいえる対人関係パターンの変化が、ミーティングのなかでいかにして獲得されるのかという問題である。筆者が関与していたアルコール依存症通院患者の集団精神療法を素材に、ミーティングの構造を分析し、対人関係パターンに関する認知と行動の変化が生ずるメカニズムについて考察する。

1　集団療法の有効性

アルコール依存症者に集団療法が適している理由としては、前章でも述べたように次の三点が指摘されている。[1] すなわち①同様の問題を抱える人々と問題を共有し確認できる。②自分自身のアルコホリズムに対する態度や断酒に対する防衛に関して、同様の態度や防衛をもつ人々と対面することにより理解を深められる。③要求や感情をより直接に伝えることを学習できる。①と②は、主に自分を映す鏡としての他者の役割に注目している。自分は大酒家ではあるがアルコール依存症ではないと考える患者に病識をもたせるには、講義や説得よりも同病の他者のありのままの姿こそが何よりも説得力をもつということである。③はこの病気に特徴的でかつ病気の進行を助長する独特の対人関係パターンの修正[2]に言及している。「アルコール症の特徴である対人関係の希薄さ、対人関係をもつことへの両価性、自尊心の低さ、主要な防衛機制としての否認、強い依存性と攻撃性は、集団の中でのほうが解消されやすい」、「治療者にとっても逆転移を回避しやすくし、また患者の対人関係を直接観察する場ともなる」のである。[3]

以上のいくつかの利点は、対人関係の病としてのアルコール依存症が、具体的な対人関係場面を通して効果的に修正されうることを示している。ただし、これらの利点はあくまで回復を助け治療を効果的にする要因であって、それがいかなるメカニズムで達成されるかについて説明するものではない。断酒動機づけの出発点としては、「底つき」(hitting bottom）の重要性がしばしば強調されてきたが、[4] これもあくまで断酒を決意するきっかけとして有効なのであって、対人関係パターンの修正についての決意や動機づけにまで有効なわけではないことに注意する必要がある。当然のことながら、断酒を決意した者がただちに対人関係パターンの修正に着手するわけではないからである。断酒を続けるためには、酒無しの生活を維持できるような対人関係パターンを身につける必要があり、そのためには、「底つき」とは別のもうひとつの契機を必要とする。

　このもうひとつの契機は、おそらく、さまざまな日常体験のなかに埋もれている。運よくそれに遭遇する患者もいれば、なかなか遭遇できずに何度も「底のまた底」をなめ続ける患者もいる。その遭遇をただ手をこまねいて待つのではなく、治療者が手を貸せるとしていかなる方法が可能なのか。この問題を集団精神療法のなかに探るための予備的作業として、まず、飲酒行動の変化過程に関する一般的なモデルを検討しておこう。

2　飲酒行動の変化過程モデル

(1)　意志モデル

　まず、最も素朴かつ単純なモデルは、飲みたい欲求を意志の力でコントロールするというモデルである。欲求→意志→飲酒というシークエンスが想定され、意志に特権的な地位と信頼が与えられている。意志の強弱がすべてを決定するという意味で、これを意志モデルと呼んでおく。このモデルは、患者本人や家族をはじめとして、おそらく最も広く一般に信じられているものであるが、それが誤りであることは患者自身が身をもって証明しているところであり、少なくとも専門治療の場からはすでに駆逐された考え方である。

(2)　感情モデル

意志モデルの最初の段階に感情を加えて、感情→欲求→意志→飲酒と考える。意志の力があてにならないのなら、もともとの欲求が起きなければよいわけだが、欲求はいつどこで起こるかわからないものと考えられている。そこで、欲求に先立つ要因として感情を想定し、感情のコントロールによって、欲求の生起をあらかじめブロックしようという考え方である。飲酒欲求に結びつきやすい感情としては、怒り、孤独、焦燥、悲哀それに歓喜などが想定されることが多い。カウンセリング産業の一部はこの部分を重視してそのコントロール方法を伝授しているといえる(5)(6)。

(3)　行動モデル

欲求に先立つ要因として、行動を重視し、行動→感情→欲求→意志→飲酒というシークエンスを考え、行動をコントロールすることでリスクを避けようとする。この場合、感情はかならずしも媒介要因として働かなくともよい。たとえば、職場でのトラブルが飲酒欲求を生むのであれば、そのトラブルを分析して、それを起こさないような行動パターンを身につけるようにする。自分の意見をはっきり言えないことが原因と思われるなら、はっきり意見を言う練習をする。また、欲求を起こしやすい場所やひとに近づかないようにすることや、抗酒剤の服用も行動レベルの対処法と位置づけられる。アサーティブ・トレーニング（Assertive Training）やソーシャルスキル・トレーニング（Social Skill Training）、および行動療法の多くはこの要因に着目したものといえる。[7]

(4) 認知モデル

行動や感情に先立つ要因として、認知を重視し、認知→行動→感情→欲求→意志→飲酒とする。認知が直接感情に結びついたり、欲求に結びつく場合もこのモデルに含まれる。たとえば、自分は恵まれていないとか、周囲のひとから尊重されないなどの認知をおこないやすく、それが行動や感情や欲求に結びつきやすいのであれば、こうした認知の癖を変えることで、飲酒へのシークエンスが断たれる。早期母子関係など過去の発達上の問題を重視する立場も、それが結果として現在の認知の歪みをもたらしていると考える限りにおいて、このモデルに含まれる。認知行動療法、精神分析をはじめとする各種の精神療法、そして、ＡＡや断酒会の考え方もこの部分の変化を重視するものといえる。

以上四つのモデルを提示したが、これらは便宜上単純化したものであり、実際には、矢印の向きが逆になったり両方向になったり、ある要因をスキップしたりといったさまざまなバリエーションが考えられることは言うまでもない。しかし、そうした細かなバリエーションを無視すれば、現在、アルコール医療の臨床場面で主流をなしているのは、認知モデルであるといえる。それではこの認知モデルにおいて、本章の主題である対人関係パターンの変化はどこに位置づけられるのであろうか。厳密にいえば、対人関係それ自体は文字どおり関係であって前述五要因のいずれでもない。が、対人関係パターンというとき、それは対人関係に関する認知の型と、具体的な対人関係場面における行動の型とからなるものとして理解できる。つまり、対人関係に関する認知と行動の型が変化することで、感情や欲求がコントロールされ、その結果、断酒が維持されるというわけである。

一方、これら四つのモデルは、アルコール依存症者自身の病識の程度を示す尺度としても利用できる。①意志の力に頼って失敗を繰り返す段階から、②自分の感情の持ち方に問題があることに気づく段階を経て、③感情を直接コントロールするのではなくより具体的な行動のコントロールを試みる段階に至り、最後に、④行動を意図的にコントロールするのではなく自然にコントロールできるような人間観や世界観を必要とする段階に至るのである。

ここで、第三の行動モデルまでと第四の認知モデルとのあいだには、大きな認識論的飛躍があることに注意しておきたい。なぜなら、第一から第三までは、飲酒、感情、行動と対象にこそ違いがあるが、すべてそれらを意図的にコントロールするというロジックを含んでいるのに対して、認知モデルでは、いったん認知が変化した後は自然にコントロールされるというロジックをとるからである。しかも、この認知的な変化は、決して意図的には達成されない。つまり、この変化は、「何かをコントロールする」から、「何かをコントロールしない」というかたちの認識論上の変化をともなっている。

何かをコントロールする発想は、酒や酒量はもとより妻や知人や医療従事者たちをコントロールしようとしていたのと認識論的には同型であり、認知モデルはそれを否定したところに成立するものといえる。ＡＡの第一ステップ「われわれはアルコールに対して無力であり、生きていくことがどうにもならなくなったことを認めた」における「無力」もまた、このような何かをコントロールする主体としての自己の放棄を意味している[8][9]。アルコール依存症からの回復は、コントロールする対人関係パターンから、コントロールを放棄した対人関係パターンへと変化することで達成される。だとすれば、次に問われるべきは、こうした認知レベルの変化がいかにして生ずるのかという問題である。集団精神療法場面に即していえば、ミーティングのいかなる構造と形式がこの変化をうながすのかが問題となる。

3 ミーティングの構造

筆者が関与した都立M病院アルコール外来ミーティングは、以上のような変化を導くことを主要な目的にして設計運営された。毎週水曜日、午前一〇時三〇分から七五分間おこなわれ、出席者は毎回三〇名から四〇名程度で、平均三五名である。当院アルコール病棟退院者が主であるが、入院せずに外来だけの者、およびその家族も出席できる。PSW(精神科ソーシャルワーカー)が司会として参加するほか、医師、病棟の看護スタッフらは一参加者として参加する。なお、退院を一ヵ月以内に控えた入院患者も参加する。

着席の仕方は特に決められておらず、任意に着席し、長方形に向かいあうかたちをとる。司会者が最初の発言者だけを任意に指名し、その後は着席順に、「私の一週間」というテーマで自分が抱えている問題や現在の生活状況を語ってゆく。この発言テーマに関して患者とスタッフとの区別はなく、参加者全員がそれぞれ一生活者として対等の立場で発言することが求められる。相談者の質問にいちいちスタッフが答えるという形式はとらず、「言いっぱなしの聞きっぱなし」で隣の参加者の発言に移る。発言が一巡した後に時間が余った場合は、参加者全員が自由に使える時間とされている。誰が何を話してもよいし、黙っていてもよい。誰も口を開かない時には何分間でも沈黙のままにまかせる。そして、時間が来たら終了し延長は原則としておこなわない。

つまり、司会者は司会者らしいことをほとんど何もしなくてよい。というより、議論を盛り立てたり沈黙を回避したりという、いわゆる司会者役割をとってはならないことになっている。こうして、ミーティングの時間と空間は参加者全員の共有物であり、参加者全員がその使い方の責任を負うべきものとされる。毎週同じ曜日の同じ時刻に始まり同じ時刻に終わることの単調な繰り返しであることが強調される。

これらいくつかのルールのうち、最大の特徴は「言いっぱなしの聞きっぱなし」というルールであろう。AAのミーティングでは普通におこなわれていることとはいえ、病院という場所と集団精神療法という名称から想像されがちな相談的、指示的な形式とはまったく異なっており、初めて参加する者の多くを戸惑わせる。質問と応答によって何かを学ぶという常識が通用しないからである。

第二に、アルコール問題そのものが必ずしも多く語られないという「話題に関するルール」も奇異に感じられるはずである。アルコール問題とは一見無関係な日常の些細な出来事や、対人関係上の問題、あるいは自分の家族関係や親子関係などが話題にされることが多く、アルコールのことだけで頭が一杯の参加者をこれまた戸惑わせ失望させることになる。目先のアルコール問題にとらわれて性急な解決策を求めるのではなく、その背後により本質的な問題があることが暗示されているのであるが、そう解釈できるのはかなり参加を重ねてからのことかもしれない。

第三に、参加しているスタッフが職業役割を離れて、他の参加者と同様の一生活者として、自分の生活状況や内面的な問題を語ることである。相談する人と答える人という常識的な役割区分がとり払われ、そうした役割以前の「一個の人間としての平等性のルール」が強調されている。同時に、この病気に特効薬はなく、専門家といえども本質的に無力であることが暗示されている。「治療的に無能力な一参加者であればこそ、他の参加者に対し彼らの症状行動を修正する責任を〝返し続けてゆく〟ことが可能になる」のである。[10]

以上の三つのルールの意味するところを一言でいえば、「評価、解釈、指示、相談をしない」ということになる。質問―応答という通常の相談のルールが排除され、アルコール問題だけに話題が集中することが回避され、専門家―非専門家、相談者―応答者という区別が排除される。こうして、常識的な意味での「相談」がこの病気に関してはあまり意味をもたないことが、言葉によってではなくミーティングの構造によって語られる。参加者は、「この病気をなおすには一体どうしたらよいのか」という切迫した問いを保留させられて、「このミーティングは一体何なのか」という問いに直面させられる。そして、この問いを通してあらためて、「この病気は一体どういう病気なのか」という問いにゆきあたるのである。

4　変化のメカニズム

未知の集まりに参加するとき、われわれはその集まりがもっている行動規範を探索し、その場でとりうる行動の方向と範囲とを推定しながら、状況への適応を試みる。その際、過去に自分が経験した集まりに関する知識から、類似の経験を探し出し参照することが有力な助けとなる。こうした手続きはティピフィケーション（Typification：類型化）と呼ばれるが、[11]集団精神療法の場面ではこの手続きが頻繁に観察されると同時に特に重要な意味をもっている。なぜなら、集団精神療法はその存在自体があまり一般に知られておらず、参照すべき類似の経験をただちに想起しにくいものだからである。つまり、参加者は、どうふるまえばよいかのモデルを欠いたところで、どうにかふるまわざるをえない事態に追い込まれ、追い込まれるがゆえに、なおいっそう、規範探索活動を活発化せざるをえない。

こうした状況で、参加者が想起しやすい類似経験（場面）として、次の二つをあげることができよう。第一に個人精神療法あるいはカウンセリングの場面、第二になんらかの集まりに初めて参加して自己紹介しあうような場面である。前者は、集団精神療法の「精神療法」の部分に類似点を求め、後者は「集団」の部分に類似性を見出している。実際、臨床的に観察される初回参加者のふるまいの多くは、この二とおりのいずれかとして現われることが多い。しかし、どちらも文字どおり言葉の半分だけの類似であって、けっして有効なティピフィケーションとはならない。第一のタイプ、個人療法やカウンセリング的なティピフィケーションをおこなう者が期待するような実践的アドバイスは思いどおりに得られないし、第二のタイプ、自己紹介から始まって次第に親密度を高め、気のあう友人をつくってゆくような情緒的交流も果たせない。つまり、どちらのティピフィケーションも現実に裏切られ、ズレを実感せざるをえないのである。

このようなジレンマに直面した参加者に対して、参加を継続させるような働きかけはなんら明示的にはおこなわれない。ただ、それらの参加者には、ひとつの謎が与えられるだけである。それは、なんら期待した効果が得られそうもないにもかかわらず、心地良さそうにそして淡々と参加を続ける人々が存在し、しかも、その人々が断酒を続けているらしいという事実である。この事実がこころに引っ掛かり、なぜなのかという問いにとらわれた参加者が、参加を続ける動機づけを手にいれることになる。これらの参加者はなおも規範探索を試み続けるが、いつまでたっても解消しないズレに思い悩む。規範を探りあてたときに得られるはずの報酬効果がまるで見あたらないからである。なんらかの実践的アドバイスや知識を得たり、人々の関心を集めたり、好感をもたれたりといった通常の集まりがもつ誘因はすべてこの集まりでは満たされない。

ここで参加者は認識論上の転回点に立たされている。規範を探りあて、適応を果たし、なんらかの報酬効果を得ようという発想自体が間違っていたのではないかという疑念を抱く。これが、「底つき」とは別のもうひとつの転回点にほかならない。そもそも、お互いに「言いっぱなしの聞きっぱなし」という非日常的なルールのなかでは、質問と応答という日常的コミュニケーションがもたらす評価や同意や称賛といった報酬は期待できないという当然の事実に気づく。結局、日常の集まりにおいて要求される規範探索活動がこの場では無効であること、規範探索による「適応」が実は不適応であるという逆説に辿りつくのである。

こうして、他者や環境から何かを引き出すのではなく、ただ自分自身のために参加し、自分が表現したいことを表現し、その結果を自分で引き受け、そうすることの心地良さを経験すること、それ以外に参加を動機づけるものが何もないことに気づかされてゆく。それは、酒をはじめとして感情や行動をコントロールすることにのみ集中していた意識が、そうしたコントロールを諦めて何らかの状況に身をまかせ、それをそのまま引き受けることを認める状態に移行したことを意味する。これこそが、対人関係パターンに関する認知レベルの変化にほかならない。何かをコントロールする主体としての自己から脱却して、何かを引き受ける主体としての自己が姿を現わす。コントロールするか、されるかというレベルでの判断にのみ終始していた対人関係から、そうしたレベルとは無関係に成立する対人関係へと移行し、しかもそれがより安定的な関係であることを学習するのである。

おわりに

以上、アルコール依存症の集団精神療法における対人関係パターンの変化について考察した。飲酒行動の変化それ自体は、飲酒行動の変化過程モデルでみたとおり、意志、行動、感情、認知といったさまざまなレベルにおいて可能である。しかし、認知レベルの変化はその他の変化と比べて、より根本的でありかつ安定的である。それは、飲酒行動を意図的にコントロールするというロジックを捨てたところで逆説的に成立するからである。意図的なコントロールに頼らないぶんだけ安定性が保証される。この逆説的な安定性は、すでにセルフヘルプ・グループがその実績において証明している。感情レベルや行動レベルの変化も、それらを介して認知レベルの変化にまで到達するとき、より確かなものとなるといえるが、われわれのミーティングは、それらを介さずに認知レベルにダイレクトに働きかける点において特色をもっている。

一方、われわれのミーティングにおいて報酬効果の有無が重要なポイントになる点に着目するならば、従来の生物学的な条件づけ刺激強化の技法や、ある種の行動療法を連想させられるかもしれない。しかし、報酬と懲罰のオプションを治療者側が用意せずに自前で調達させる点で、これらの技法とは異なっている。条件づけ理論は、行動レベルの変化を説明しても、その背後にある認識論レベルの変化を説明しない。その意味では本章が扱ったテーマは、これらの技法よりもむしろ統合失調症の成因論から発した「治療的ダブルバインド」[12]の議論に類縁性をもっている。症状行動をはじめとするあらゆる行動を、社会的相互作用ないしはコミュニケーション過程として捉えるならば、認識論レベルの変化は、相互に矛盾したコミュニケーションを矛盾なきものに変えようとする過程で生ずる。われわれが用意するのは、日常的な規範探索行動を無効化するミーティングという名の「コミュニケーションの罠」にほかならない。

最後に、以上の考察から、集まり、規範探索、ティピフィケーション、認識論の変化などの概念装置によって、アルコール依存症者に特有の対人関係パターンとその変化を考察することの有効性をある程度提示できたものと思う。指示的あるいは受容的といった従来の語彙では表現しにくい集団力動や治療構造を記述分析する際に、これまで述べてきたような微視社会学的・相互作用論的語彙が貢献しうる余地は大きいはずである。とりわけ、「社会的逸脱者」、あるいは「社会的不適応者」として事例化・医療化してくる一群の人々に対しては、このような理解が有効性を発揮する。彼らは、何よりも「社会」を苦手としているからである。本章はそうした視点の理論的可能性を問うささやかな試みでもある。

〔参考文献〕

（1）Vannicelli, M.: Group psychotherapy with alcoholics — special techniques. *Journal of Studies on Alcohol*, 43 (1) : 17-37, 1982.
（2）Finlay, D. G.: Alcoholism: illness of problem in interaction. *Social Work*, 19 (4) : 398-405, 1974.
（3）池田光幸・小片基「単身者アルコール症の特性とその治療」、新福尚武編『アルコール症の精神療

法』八五―一〇四頁、金剛出版、一九八四年。

(4) *Alcoholics Anonymous*, AA World Service Inc., 1939.（『無名のアルコール中毒者たち：アルコール中毒からの回復』ＡＡ日本ゼネラルサービスオフィス、一九七九年）

(5) Hochschild, A. R.: Emotion work, feeling rules, and social structure. *American Journal of Sociology*, 85 (3); 551-575, 1979.

(6) Thoits, P. A.: Self-labeling processes in mental illness: the role of emotional deviance. *American Journal of Sociology*, 91 (2); 221-249, 1985.

(7) Foy, D. W., Miller, P. M., Eisler, R. M. & O'Tool, D. H.: Social skills training to teach alcoholics to refuse drinks effectively. *Journal of Studies on Alcohol*, 37; 1340-1345, 1976.

(8) Bateson, G.: The cybernetics of 'self': a theory of alcoholism. *Psychiatry*, 34; 1-18, 1971.（佐藤良明・高橋和久訳『精神の生態学（下）』思索社、一九八七年／佐藤良明訳『精神の生態学へ（中）』岩波文庫、二〇二三年）

(9) 野口裕二・斎藤学「断酒会と家族」現代のエスプリ、二四四号、一〇四―一一二頁、一九八七年。（本書第3章）

(10) 斎藤学「アルコール依存症と摂食障害の集団精神療法」集団精神療法、二巻二号、一八五―一九一頁、一九八六年。

(11) Berger, P. L. & Luckman, T.: *The Social Construction of Reality: A Treaties in the Sociology of Knowledge*, Doubleday and Company, 1966.（山口節郎訳『日常世界の構成』新曜社、一九七七年／新版『現実の社会的構成』二〇〇三年）

(12) Bateson, G., Jackson, D., Halay, J. & Weakland, J.: Toward a theory of schizophrenia. *Behavioral*

Science, 1: 251–264, 1956.（佐藤良明・高橋和久訳『精神の生態学（下）』思索社、一九八七年／佐藤良明訳『精神の生態学へ（中）』岩波文庫、二〇二三年）

第8章　地域ケアとネットワーク・セラピー

はじめに

アルコール問題に関する医療・福祉の最近の動向として特筆されるのが、地域ケアの積極的な展開である。「病院完結型から地域連携型へ」を共通の認識にして、新たな試みが各地から報告されている。こうした地域重視の姿勢は、精神医療全体の流れに呼応するものともいえるが、アルコール医療は単にそうした流れに追随したというよりも、むしろ、積極的にその流れをリードして、新たなモデルを提示しつつあるように思われる。

その新たな動きを象徴するキーワードが「ネットワーク」である。「地域ネットワーク」、「ネットワーク・セラピー」、「ネットワーキング」といった用語が合言葉のように交わされるのが最近の大きな特徴である。この「ネットワーク」を手がかりにして、いくつかの先進事例を参照しながら、アルコール医療における地域ケアの有効性と可能性を展望することが本章の目的である。

先進事例の内容を検討するにあたり、まず、地域ケアがアルコール医療・福祉システム全体のなかで占める位置、その守備範囲を確認しておこう。治療援助の時間的流れのなかで、地域ケアはいかなる部分を担当するのかという問題である。

アルコール依存症の治療と援助のプロセスは次の四段階に区分される[1]。①初期介入、②身体治療、③行動修正、④社会復帰、である。これらのうち、病院が主として担当してきたのは、第二期の身体治療と第三期の行動修正であり、第一期の初期介入と第四期の社会復帰の段階は病院の外、すなわち地域が主な舞台となる。治療過程の最初と最後で地域ケアが重要な役割を受けもつ。地域ケアへの関心の高まりは、とりもなおさず、この初期介入過程と社会復帰過程への関心の高まりを意味している。

さらに、第三期の行動修正の段階に関しても地域ケアを主体にする動きが近年活発になっている。続々と誕生してきた外来専門クリニックがその一例である[2~4]。こうした動きは、離脱期の身体管理と合併症の治療などの、どうしてもベッドを必要とする時期を除いて、地域ケアが可能でありかつ有効であることを示唆している。地域ケアの内容を検討する際に、こうした動向をふまえ、ケアの時間軸上の流れのどこをどのように担当しているかが重要なポイントとなってくる。

1　地域ケアの展開

地域ケアの試みは今や全国的にひろがりつつあるが、(5)〜(7) ここではそうした先進事例のなかから三事例を選んで紹介する。まず最初に、世田谷方式という呼び名が定着しつつある世田谷保健所を中心とする活動である。(8)〜(13) 次に、アルコール症の地域ネットワークづくりとしてはわが国の先駆けである「高槻酒害対策懇談会」(14)〜(17)、そして、社会復帰過程に独自の方法を提示している「成増地区のアフターケアシステム」(18)(19)をとりあげる。

世田谷方式

世田谷保健所の酒害相談を中心に展開する地域ネットワークと、そこでおこなわれている処遇方法を総称して、世田谷方式という呼び名が定着しつつある。世田谷保健所の酒害相談は、一九八三年四月から開始され、当初は隔週、その後毎週一回おこなわれるようになった。世田谷方式の特徴は大きく次の二点に分けられる。ひとつは「エンカウンターグループ方式」と呼ばれる独特のミーティング運営方式、(11) もうひとつは、自主研究会・ケース連絡会などによる緊密なスタッフ間ネットワークの存在である。(8)

運営方式の特徴のひとつは、ミーティングを中心におき、初回来所者や特に必要のある者にのみ個別面接がおこなわれる点である。ミーティングは「言いっぱなしの聞きっぱなし」のいわゆるＡＡ方式で、参加者全員が順に発言をしてゆき、それに他の参加者が口をはさまずにひたすら傾聴することで進行してゆく。

斎藤は、その特徴を次の五点に整理している。[11]「(1)参加はオープン。参加者の立場、抱える問題は問わない。(2)週一回二時間、同じ場所、同じ時間に開かれる。(3)参加者は秘密保持のルールを維持するよう求められる。(4)出席者全員がなんらかの形で発言する。(5)傾聴、誠実、信頼のルール（他者の発言を傾聴し、他者に向かって誠実に語り、他者の誠実を信頼すること）」。そして、「このルールが厳守されることによって生じる参加メンバー相互の共感が治療的力の源泉」とされている。

「参加者の立場、抱える問題は問わない」ということは、本人―家族、入院前―退院後、断酒会員―AAメンバーといった違いにかかわりなく、自分なりの問題を抱えて誰でも参加できることを意味する。また、以上のルールは、文字どおり参加者全員に関するもので、スタッフといえども例外でない。スタッフも、援助者である以前のひとりの生活者として発言することで、自身の抱えるさまざまな問題に直面し、それが相談者への共感と相談者からの共感を生むことになる。

もうひとつの特徴が、毎月定期的に開かれている、自主研究会とケース連絡会の存在である。自主研究会は、保健婦と福祉事務所ケースワーカーを主な報告者として勤務時間外におこなわれる事例検討会で、ここで、処遇方針の検討がなされるとともに、保健所と福祉事務所の緊密なネットワークが築かれる。一方のケース連絡会は、専門病院の医師、PSW（精神科ソーシャルワーカー）、それに、保健所、福祉事務所、精神保健センターなど関係機関のスタッフが勤務時間内に集まって、緊急を要する困難ケースについての処遇方針の確認と共有をおこなう場である。この二つの場をもつことで、処遇方針とその実践はより確かなものとなる。そして、この両者とも、保健所主催でおこなわれていることも重要である。関係機関の要としての機能を果たすうえで、保健所がきわめて有利な位置にあることを示している。

こうした地域ネットワークの存在によって、ケースに関するさまざまな角度からの情報が集められ、それが処遇方針に生かされてゆく。初期介入と社会復帰の際にしばしば見られる医療と福祉の処遇方針の違いによる混乱も未然に防ぐことができるのである。

高槻酒害対策懇談会

高槻酒害対策懇談会は、一九七六年に発足してすでに二〇年近くの実績をもつ。平野は「限定された地域で定期的に、関係機関がアルコール症問題について検討されてきたのは、高槻が最初である」と述べている。[14] 発足の経緯について、駒井は「これを始めた、始めざるを得なかったのは、断酒会側からの強い働きかけによるものであった」と述べている。[16] このように、高槻では、断酒会（員）を主要なメンバーとする地域ネットワークである点にまず特徴がある。構成メンバーの問題として、平野は「断酒会、医療機関、保健所に限られている」ことをあげ、福祉事務所の参加が続かなかったこと、医療機関がアルコール専門病院のみで、内科病院が含まれていないこともあげている。(14) さらに、世田谷との比較でいえば、保健所からの参加が精神衛生相談員であり保健婦ではないことも大きな違いである。

以上から明らかなように、高槻のネットワークは、断酒会、とりわけ、その酒害相談員と、保健所の精神衛生相談員、そして専門病院の医師およびPSWによる緊密なネットワークを特徴としている。世田谷では、セルフヘルプ・グループのメンバーの参加はミーティングに限られており、研究会、連絡会には参加しない。したがって、処遇方針の決定にセルフヘルプ・グループは関与しない。また、世田谷では精神衛生相談員が配置されていないこともあり、担当ケースをもつすべての保健婦が参加することも大きな違いである。精神衛生相談員の存在はその専門性という面できわめて貴重であるが、専門分化の結果、保健婦がアルコール問題に積極的にかかわる必然性をなくすという面も考えられる。地区担当保健婦のきめ細かな日常活動という貴重な資源と充分に連動させえないとすれば、それは大きな損失となる。

懇談会の役割と意義について、平野は医療機関の立場から、①アルコール医療における医療機関の役割の認識、②医療機関のスタッフの教育、③治療上の情報収集、④治療の一貫性、⑤医療機関の治療プログラムについて外部の意見を知ることができること、⑥断酒会、保健所との日常的な連絡が容易になったこと、の六点をあげている。(14)「一人のアルコール症者の回復の過程には、多くの人々、機関が関わる。その一つ一つの独自性というものは、他との比較の中で、初めて認識し得る」という視点は、地域ネットワークの意義を考えるうえできわめて示唆的である。

セルフヘルプ・グループのメンバーといかに連携するかという問題は、その地域のセルフヘルプ・グループの成熟度にもかかわっており、一概にはいえない問題である。また、断酒会は構成メンバーに含められても、AAはその性格上含みえないという問題もある。一方で、セルフヘルプ・グループなしにアルコール医療は考えられないことも事実である。この問題の解決には、複数のネットワークを重層的に配置するという方向が考えられる。高槻でも、一九八四年以降、「断酒会関連問題会議（年六回）、酒害対策協議会（年四回）、専門家会議（年二回）、研修会」といった機能分化が起こっているという。[15] 目的別に参加メンバーの異なるネットワークをつくってゆくことは、「何のためのネットワークか」という原点につねに立ち戻ることにもつながる。

成増地区のアフターケアシステム（ACS）

ACSはその名のとおり社会復帰過程に重点をおく地域ネットワークの試みである。榎本は、その開始の経緯について、「退院後―即飲酒を防止するためにデイケア」をおこなったが、「デイケアだけでは不十分と考え、地域ケアのネットワークとして、保健所と福祉事務所ともチームワークを組むことにした」と述べている。[18] その具体的内容は、「本人は毎朝、保健所と福祉事務所へ行って、断酒している元気な顔をみせ、それから来院する。来院すると、みずから出席表にサインして、シアナマイドを服用する。シアナマイドは家族が服用させる場合もあるが、単身者の場合は保健所か福祉事務所に依頼する場合もある。昼間はデイケアのスケジュールに従って行動し、夕方になると地域の断酒会かAAに出かけて行く」ものである。また、生活保護費と交通費は日払いか週払いとし、「ACSから逸脱する場合は、生活保護打切りを要請する」。そして、「三ヵ月ごとに本人、家族、関係機関を含めて協議して、その後の軌道修正をはかる」ものである。

以上からわかるとおり、ACSは、専門病院と保健所と福祉事務所の三者の緊密なネットワークを基盤として、それにセルフヘルプ・グループを加えたものである。患者が、みずからの退院後の生活を、この四つの資源を活用しながら組み立ててゆけるように誘導するシステムともいえる。そして、社会復帰を急ぐのではなく、とにかく飲まない生活をしてみることに重点が置かれている。つまり、社会復帰を志向しながらも、実際にはそのひとつ前の段階の行動修正に焦点があることがわかる。そして、それは「彼らの回復過程は、内面的自覚から断酒行動をとるというよりは、むしろ反対方向に、まず表面的断酒行動をとりながら徐々に内面的自覚に至る方向性をとるようである」という認識に基づいている。

しかし、一方で、「断酒生活は定着したが、次の社会復帰へのプログラムができていないのが、ＡＣＳの問題点であり、今後の課題」とされている。[18]
ここで、表面的断酒から内面的自覚への移行は当然のことながら容易には達成されえないこと、また、そうした達成を援助するシステムづくりが困難であることがうかがわれる。
さらに、もうひとつ考えるべき問題は、表面的断酒行動が内面的自覚を阻害するという逆の可能性である。榎本は、内面的自覚→断酒行動という過程をとる者を「断酒会・ＡＡ型のアルコール依存者」と呼び区別しているが[19]、それ以外の者が、この逆の断酒行動→内面的自覚型に属するとは言い切れない面がある。表面的断酒行動ができるがゆえに、ある種の安定状態を得て、内面的自覚に至れない場合もあるように思われる。こうしたケース別の対応も今後の課題といえそうである。
いずれにせよ、断酒即社会復帰と性急に結びつけるのではなく、社会復帰の前にワンクッションをおくという考え方とそのシステム化の試みは、とくに生活保護受給者たちの社会復帰にとってきわめて意義深いものといえる。このワンクッションは、従来入院治療の守備範囲とされてきた行動修正にほかならない。この行動修正の段階を地域ケアでいかに担当するかという問題に関する試みとして、ＡＣＳは貴重な示唆を与えている。

三事例の比較

三つの事例に共通することは、回復を長期的に捉えてゆく視点を関係機関が共有しなが

表1　地域ネットワークの構成メンバー

	保健所	専門病院	福祉事務所	セルフヘルプ・グループ
世田谷	◎	○	○	△
高　槻	○	○		◎
成　増	○	◎	○	△

ら、緊密に連携を維持していること、つまり、地域ネットワークの存在である。一方、その構成メンバー、中心メンバー、連携のあり方、各機関の役割分担などに力点の違いがある。

構成メンバーの違いを示したのが表1である。◎印は、ネットワーク創設のきっかけをつくったメンバーを示す。△印は、処遇方針の決定などにかかわる地域ネットワークからはもれることを意味している。世田谷と成増においてもセルフヘルプ・グループは不可欠の存在であることはいうまでもないが、以上の意味で○印は付されないことになる。また、精神保健センター、外来専門クリニック、内科病院などは、地域差も大きいため表から割愛した。

この表からも、世田谷では保健所の占める比重が相対的に高く、高槻ではセルフヘルプ・グループ、成増では病院といったおおまかな特徴づけをすることができる。初期介入、身体治療、行動修正、社会復帰という治療段階論に即していえば、世田谷は初期介入過程に特徴があり、高槻はセルフヘルプ・グループとの連携による社会復帰過程に重点があり、成増は行動修正に力点を置いている。そして、それぞれの力点の置き場所と構成メンバーとは、表裏一体の関係にあることがわかる。何のためのネットワークか、何を意図したネットワークか、という視点から、構成メンバーのあり方を検討し、それぞれのプラス面、マイナス面を整理してゆくことが今後の課題といえる。このことが、「地域ネットワークですべてが解決する」といった過度の期待（＝「ネットワーク万能論」）を回避し、より有効な地域ネットワークづくりの前提となる。

2　地域ケアの特徴と有効性

以上の先進事例の考察から、地域ケアのもつ有効性と多様な可能性が浮かび上がってくる。地域ネットワークの形成がもたらすさまざまな利点とその意味するところを、他の事例も参照しながら整理しておこう。まず、主に初期介入過程に関して、「本人中心主義からの転換」、その結果としての「関係機関の多様化」と、「隠れたアルコール問題の発見」があげられる。そして、「行動修正・社会復帰過程のための地域ネットワークの有効性」も特徴としてあげることができる。さらに、治療援助の全過程を通じて、「地域ネットワークの要としての保健所の役割の重要性」があげられる。

本人中心主義からの転換

まず第一にあげられる大きな特徴は本人中心主義からの転換である。[10][20] これは、「世田谷方式」においてとくに明らかである。アルコール依存症は、多くの場合、患者本人が医療や福祉の窓口に登場するより先に、家族や親戚、同僚などが相談に訪れるというかたちで始まる。世田谷保健所酒害相談のデータ[9]によれば、来所者の内訳で、配偶者のみが三八・八%、その他の親族一六・四%で、本人以外が相談に訪れるケースが半数を超えている。また、同じく酒害相談をおこなっている埼玉県精神保健センターのデータ[21]でも、配偶者のみの来所が三二・四%、その他の親族が二〇・四%で、ほぼ同様の結果となっている。

この場合に、かつては、本人が登場しないことには始まらないという見方から、せいぜい本人が早く登場するよう家族に働きかけるにとどまっていたが、最近はむしろ、家族を独立したクライエントとして扱うやり方が主流になりつつある。家族をクライエントとする方法には、重点の置き方の違いから二つの方法がある。ひとつは、患者への効果的な対応方法を指導教育する場合（教育プログラム方式）、もうひとつは、家族自身のこころの問題に介入することに重点をおく場合（治療プログラム方式）である。両者を同時並行的におこなうことも可能であり、また、後者のやり方は結局、前者のやり方をより徹底したものという性格をもつ。いずれにせよ、援助対象者の範囲が拡大したことにより、より多くの潜在的患者が、より早い時期に援助を受けられる可能性が増したといえる。

関係機関の多様化

本人中心主義からの転換は結果として関係機関の多様化につながる。前述の保健所と精神保健センターをはじめとして、民間の相談室[2]や外来専門クリニック[3][4]も都市部を中心に増えつつある。アルコール問題に悩むひとが、最初に相談に訪れる場所が非常に多彩になり、病院以外の相談機関が充実してきたことが、最近の地域ケアの特徴といえる。高槻の場合でいえば、断酒会という大きな窓口が前面にあって、専門病院や保健所につながっている。

世田谷保健所のデータによれば[9]、相談ケースの五九・五％が過去に入院経験のない者であり、過去にどこにも相談したことがなく初めて相談を求めた者が二五・九％となっている。ちなみに、一般病院への相談経験者は七・八％、精神科への相談経験者は二八・四％である。埼玉県精神保健センターでも[21]、どこからの紹介も経ない自発的来所が二二・九％となっており、おおよそ四人に一人は、保健所や精神保健センターを最初の相談先に選んでいることがわかる。なお、酒害相談は、東京都を例にとると、都内一〇六保健所のうちの二八ヵ所、二六・四％で実施されており、都内二ヵ所の精神保健センターでも実施されている[22]。

隠れたアルコール問題の発見

以上の傾向は、少なくともアルコール問題について外部に相談を求めた者が存在することを前提にしている。一方、別の相談や別の用件から、その背後にあるアルコール問題が発見される場合がある。アルコール問題の専門的な相談窓口が多様化したと同時に、必ずしも専門ではない他の援助機関が、アルコール問題初期介入の重要な担い手として位置づけられるようになってきたことも大きな特徴である。そうした発見者となりうるのは、福祉事務所のケースワーカー、警察官、救急隊員、等々である。とくに福祉事務所を地域ネットワークの一角に取り込むことは、この意味でたいへん有効である。こうした場面での対応いかんでその後の問題の展開が大きく異なってくるという点で、これらの機関の初期介入における役割はきわめて大きいことが共通の認識になりつつある。

福祉事務所でのケース処遇のなかで、潜在するアルコール問題を発見する際の手がかりとして、井上は数多くの興味深いチェックポイントをあげている。[23] その一端を紹介すると、本人に関しては、転職が多くそれが時間的拘束のゆるい職へと移行している場合、「飲みたいときに飲める必要」によるものである可能性が疑われる。また、家族に関しては、妻が夫の外出を制限している場合、「妻が夫の介護者役割を担わざるをえない状態にあること」を意味する。さらに、子どもが親の話題を避けたり、友達を家につれてくることができない場合、アルコール問題が潜在する可能性がある。また、離別母子家庭において、表向きの離別理由は他の理由であっても、アルコール問題がからんでいる可能性はかなり高いという。このほかにもさまざまなポイントがある。重要なことは、アルコール依存症という病気をよく理解することによって、病気の結果としての特有のライフスタイルを理解することができること、その結果、今度はライフスタイルの側から逆算して病気の存在を予測できるということである。

以上の例からも、単なる「振分け作業」の担い手と見られがちであった関係機関が、初期介入主体としてきわめて重要な位置にあることがわかる。関係機関それぞれがアルコール依存症についての理解を深め、効果的な対応技法を身につける必要があるが、それには、実際の事例検討を通した緊密なネットワークづくりが最も有効であると思われる。と同時に、先述のチェックポイントのような有効な知見をさらに蓄積し体系化してゆくことも、今後の重要な課題である。

行動修正・社会復帰のための地域ネットワーク

行動修正・社会復帰過程における地域の役割は、従来、セルフヘルプ・グループを中心に論じられることが多かった。セルフヘルプ・グループの果たす役割が重要であることになんら変わりはないが、三つの事例は、それ以外の関係機関の役割、および、それら相互の関係をめぐる新たな展開を示している。

ＡＣＳは、行動修正の段階を病院外でおこなおうとする試みである。これは、行動修正を病院内でおこなうという従来のやり方に限界があるという認識から出発している。再入院、再々入院といういわゆる「回転ドア現象」を打破するには、もはや病院内プログラムの工夫を重ねるだけでは不十分であり、地域という大きな舞台装置が必要であるという認識である。一方、高槻は、断酒会を地域ネットワークのなかにがっちりと組み込むやり方であり、世田谷は、断酒会とＡＡの両者をゆるやかに取り込む方法といえる。

それぞれ力点の置き方に違いがあるが、共通しているのは、いずれも、セルフヘルプ・グループに任せっぱなしにするのではなく、病院、保健所、福祉事務所などの関係機関が相互に緊密な連絡をとって、回復を長期的な視野で捉えながらフォローを継続している点である。こうした地域ネットワークの存在によって、たとえば世田谷保健所では、相談ケースの七六・二％が初回相談以後、少なくとも一年以後の時点で継続的に経過を把握されている。(9) それぞれの立場から見える患者像が、実はきわめて一面的なものであり、それを総合して立体的な患者像を得ることがケアを継続するうえで重要であり、そのためには地域ネットワークの形成が不可欠であることがわかる。

地域ネットワークの要としての保健所

こうした地域ネットワークを形成し維持するうえで、保健所がきわめて有利な位置にあることもこれらの事例を通して明らかになっている。
その利点は、まず第一に、初期介入に関して、地域住民にとって病院よりも気軽に利用できる存在であるということ、つまりアクセスのしやすさがあげられる。世田谷でも区報を見て訪れるケースが最も多く、全体の三一・〇%を占めている。[9]
第二に、保健婦による家庭訪問と連動させてよりきめ細かな対応と情報収集ができる点である。母子保健や老人保健などの他の切り口から、背後にあるアルコール問題を発見することもできる。そうした情報の収集・集積という点でも保健所は有利な位置にある。
第三に、行動修正過程に関して、酒害相談はデイケアとしての機能も果たす。高槻保健所では、酒害相談のほかに、平日の夕方に「おにぎりを食う会」という雑談の場を設け、また「ガラクターズ」というソフトボールなど体力づくりを目的とするグループワークを実践して退院後の患者の便宜をはかっているという。[17]
第四に、医療と福祉のいずれの立場にも偏らずに両者の媒介役という立場がとれる点である。病院と福祉事務所の間でしばしば見られる処遇方針上の対立を調停し、相互の理解を深める場としても保健所は有効である。
第五に、保健所がカバーする地域の範囲が、アルコール地域ケアの範囲としてちょうど適当な範囲であり、関係機関が日常的に接触しやすい範囲である点である。範囲を広げすぎれば機関の数が多くなり緊密な連携は困難になる。ネットワークの機動性を確保する意味でも一保健所を一単位とする範囲が適当といえる。

このようなさまざまな面から、保健所は有利な位置にあり、また豊かな可能性に満ちている。地域ネットワークづくりの始動者として、また、その組織者として、さらに事務局として保健所の果たすべき役割はきわめて大きいといえる。

3 ネットワークの重層性

以上、先進事例が示唆する地域ケアの有効性について検討してきた。これらの事例はすべて関係機関による地域ネットワークの存在を基礎にしている。しかも、その地域の範囲は、平野[14]の指摘するとおり「限定された地域」であり、具体的には、世田谷、高槻、成増という一保健所のキャッチメントエリアにほぼ重なる範囲であった。つまり、実際に同一のケースを共有する範囲の地域ネットワークである。この範囲の、いわばコミュニティレベルの地域ネットワークの形成が、近年のアルコール医療を特徴づける大きな動向のひとつとなっている。

一方、こうした地域ネットワーク以外にも、アルコール医療福祉の領域にはさまざまなネットワークが存在する。そして、地域ケアにおける地域ネットワークは、これらのネットワークと相互に重なりあいながら、補強され活性化される側面をもっている。そこで、

表2　ネットワークの重層性

構成要素＼範囲		コミュニティ	県	地方（全国）
機関		A	B	C
スタッフ	多職種	D	E	F
	同職種	G	H	I

次元を異にするその他のネットワークとの関係を整理しておこう。

そもそも、ネットワークという概念は、ある要素と関係の網の目というのがもともとの意味である(24)。したがって、その要素として何を考え、範囲をどこで区切るかで多くのバリエーションが生じる。先述の地域ネットワークは、関係機関が、一保健所を単位とするコミュニティレベルで結ばれたものであった。しかし、範囲を広げて、県レベル、さらに複数の県にまたがる地方ブロックレベル、そして全国レベルのネットワークも考えられる。また、ネットワークの構成要素として、これまで関係機関を考えてきたが、機関ではなしにスタッフを要素として考えることもできる。さらに、スタッフのネットワークといっても、アルコール問題を共通項として、医師、保健婦、ソーシャルワーカーなど多職種から構成されるネットワークもあれば、「医師のネットワーク」、「保健婦のネットワーク」といった単一職種別のネットワークも考えられる。以上の関係を整理したのが表2である。

ここで、［A］が先述の先進事例に共通して見られた、いわゆる地域ネットワークである。そして、この機関によるネットワークに

［D］のスタッフネットワークが重なりあうことで、より緊密かつ有効な活動が可能になる。

一方、県レベルのネットワークである［B］は、同一ケースを共有しないため、実際の処遇決定にはあずからないが、関係機関のあいだにある種々の誤解を解き、相互理解を深めるために必要である。各地の精神保健センターなどを中心にして、この種の連絡協議会が活動を始めている。

県を越える活動は、研究会ないしは学会活動にみられる。日本アルコール医療研究会(25)は、アルコール問題にかかわる多様な職種のスタッフのネットワークであり、［F］に相当する。また、各地方ブロックごとにも、北海道アルコール医療研究会、東北アルコール医療研究会というようなネットワークが存在する。また、同職種のみで結成された全国規模のネットワークとしては、日本アルコール関連問題ソーシャルワーカー協会(26)があり、［I］にあたる。

このように、何を構成要素とし、どの範囲で区切るかで、別種のネットワークが成立する。これらのネットワークは同じくアルコール問題への取り組みのなかから生まれたものであるが、それぞれ別の機能と目的をもつ。まず第一に、コミュニティレベルのネットワークは、同一のケースを共有する点に特徴がある。ケースカンファレンスが地域に展開して関係するすべての機関を含み、より徹底したかたちをとったものといえる。先進事例が示すとおり、このネットワークの存在が、現在のアルコール地域ケアにとって不可欠の前提となりつつある。第二に、県レベルのネットワークは、特定の機関を共有するネットワークと言い換えることができる。県単位でひとつしかない機関、たとえば精神保健センターや裁判所、泥酔者保護所といった機関と、病院、保健所、福祉事務所などが連携してアルコール問題に取り組むときに必要になってくるネットワークである。とくに予防対策などに効果をもつネットワークといえる。そして、第三に、地方ないし全国レベルのネットワークは、治療技法や処遇技法などの情報交換や研究活動に適したネットワークである。同様の医療福祉資源をもつ地域で得られた新たな知見は、そのまま適用可能であるし、異なった資源の配置状況は自分の地域の特殊性を相対化する視点をもたらしてくれる。

コミュニティレベルのネットワークは、アルコール医療福祉の最前線に位置する、地域ケアにとって不可欠のネットワークである。しかし、その背後には要素と範囲を異にするさまざまなネットワークが存在し、相互に交流し浸透しあいながら、それぞれの有効性を高めあっているのである。

4　ネットワーク・セラピー

治療対象としてのネットワーク

以上、ネットワークの重層性をその要素と範囲から見てきたが、このほかにも、どこに視点を置くか、言い換えれば、誰をネットワークの中心に設定するかによってもネットワークは異なってくる。最近の地域ケアの動向のなかでもうひとつの焦点となってきているネットワーク・セラピーは、この種のネットワークにかかわるものである。同じネットワークという言葉を使うことから、地域ネットワークによるケアと混同されやすい関係にあるが、両者は次元を異にする概念である。

前節で見たさまざまなネットワークは、構成要素と範域に違いがあるが、機関またはスタッフの視点から成立し、それらが相互に対等に結びついたものという点で共通していた。これに対して、患者の視点から成立するネットワークが別に存在する。患者を中心にして患者をとりまく人間関係の網の目という意味のネットワークである。英語圏で"social network"という場合この意味を指す。患者の家族をはじめとして、親戚や友人や同僚、病院やセルフヘルプ・グループで知り合った仲間、さらに、保健婦、ソーシャルワーカー、医師などの専門家も含まれる。要は、患者から見て大事なひと、近しい関係にあるかどうかが決め手になる。そして、こうした患者をとりまくネットワークを介入の対象にする治

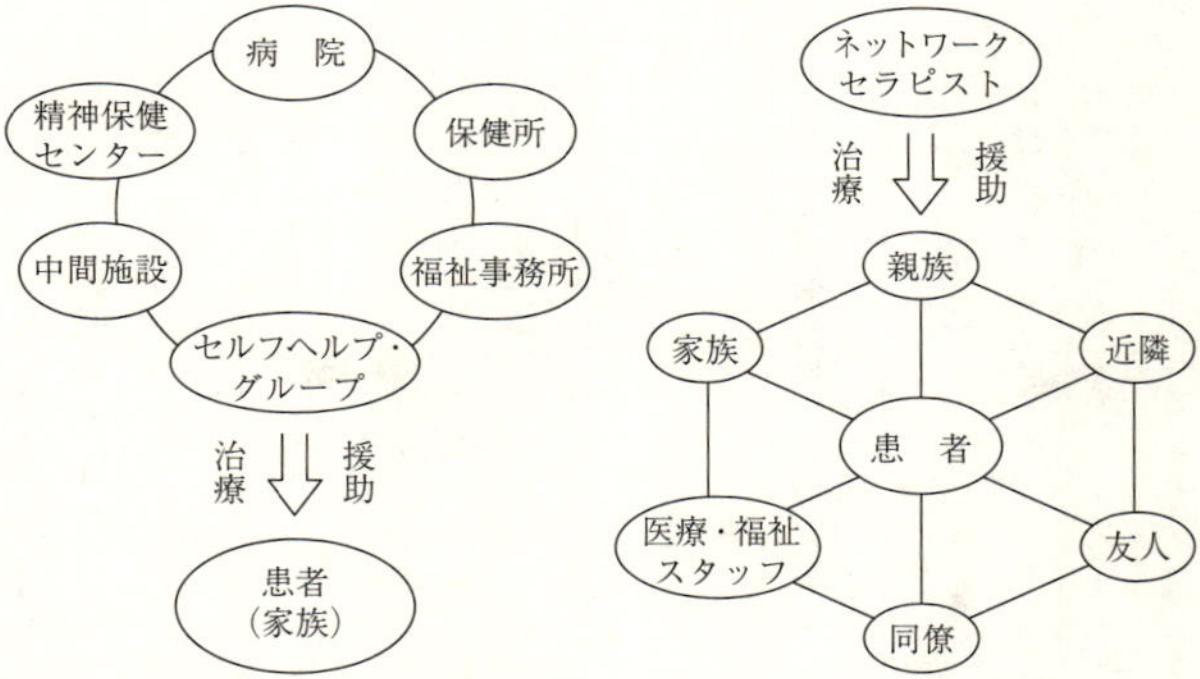

機関ネットワークによる援助　　ネットワーク・セラピー

図１　機関ネットワークによる援助とネットワーク・セラピー

療技法がネットワーク・セラピーなのである。[24][27]

ネットワーク・セラピーは、一九六〇年代後半以降、米国で、スペックら（Speck, R.V.; Rueveni, U.; Attneave, C.L.）によって発展させられた治療技法である。[28]〜[30]それは、しばしば誤解されるように、機関やスタッフのネットワーク（＝地域ネットワーク）を使った治療技法を意味するのではなく、患者のネットワーク自体を対象に働きかける技法を意味する。ネットワークは治療の手段ではなく、対象として位置づけられる。患者の入院先の医師や福祉事務所のケースワーカーなども、患者の生活に重要な関与をする場合、患者のネットワークの一員とみなされ、治療の対象として位置づけられるのである。したがって、ネットワーク全体を見渡しながら治療をおこなうひと（ネットワーク・セラピストと呼ばれる）

は、これらネットワークに含まれる専門家とは別に存在することになる。

この二つの相違を示したのが、図1である。地域ネットワークを使った治療援助が、主に患者個人を対象にしているのに対し、ネットワーク・セラピーは、患者をとりまくシステムを対象にしている。システムの変化が患者個人の変化を導くという発想に基づいている。この発想は、システムズ・アプローチと呼ばれるもので、家族療法を貫く基本的な考え方でもある。[31] つまり、ネットワーク・セラピーは家族療法の拡大版として位置づけられる。患者をとりまくシステムを家族の範囲に限定せずに、ソーシャルネットワーク全体にまで広げて考えるわけである。家族療法が主に都市部の核家族を対象に発展してきたのに対し、その枠組みでは捉えきれないネイティブアメリカンのクライエントにも有効な技法（部族アプローチ）として模索されたという一面をもっている。[30]

ネットワーク障害としてのアルコール依存症

こうしたネットワーク・セラピーが現代の都市化社会において、いかなる有効性をもつのかという問題は、アルコール依存症者のもつネットワークの特徴と密接に関係している。アルコール依存症者のネットワークは、病気の進行にともなってその規模を縮小させてゆく点に特徴がある。[32][33] キルワースら（Killworth, P., et al.）によれば、正常者のネットワークは二四〜二七人で構成されているのに対し、神経症者は一〇〜一二人、精神病者は四〜

表3　ネットワークのサイズと予後

	改善		やや改善		悪化	
	時点1	時点2	時点1	時点2	時点1	時点2
家族	10.0	9.0	8.3	8.5	10.0	6.5
友人	5.7	5.3	3.8	6.3	8.0	2.0
その他	3.3	2.7	0.5	5.0	7.5	0
小計	18.5	16.3	12.5	19.5	25.5	8.5

Favazza, A. R., et al., 1984より一部抜粋

（注）同じ人が複数のカテゴリーに登場する場合があり、小計ではそれを一人とカウントしているため、小計の数字が合わない場合がある。

五人と著しく少なくなっている[34]。そして、アルコール依存症者については、ファヴァザら（Favazza, A. R., et al.）が入院患者のみの調査で一五・六人、うち一年予後不良者のみのフォローアップでは、八・五人というデータを報告している[35]（表3）。

欠勤や対人関係上のトラブルなどによって社会的信用を失い、同時に親族や近隣とのつきあいも疎遠にしてゆくという過程は、アルコール依存症者にほとんど例外なしに観察されるところである。俗にいう「世間を狭くする」過程が、アルコール依存症の重要な社会学的特徴である。別名、対人関係障害とも呼ばれるゆえんである。ネットワークを縮小して引きこもることと、飲酒にのめりこむこととは表裏一体の関係にあり、それゆえ、ネットワークのサイズや内容は、病気の進行の度合いをはかる目安ともなる。この意味で、対人関係能力の障害は、同時に「ネットワーク障害」としても把握できるのである。

ネットワークの縮小（truncated network）[32]という事態が最も典型的に見られるのが、単身で生活保護受給の患者である。単身で、職を失い、家族、親族との連絡も途絶えているような場合、彼のネットワークは、医療、福祉スタッフだけで構成されているということがありうる。この場合には、定義上、家族療法が不可能であり、彼と彼をとりまく医療福祉スタッフからなるネットワークが唯一、介入可能なシステムとして浮かび上がる。ここに、部族社会とは対極に位置する現代都市化社会において、ネットワーク・セラピーが有効である理由がある。つまり、ネットワーク・セラピーは、いわゆる家族の枠組みでは捉えきれない二つのシステムに対して有効性をもつ。ひとつは、家族の枠組みを越えて成立する部族社会的なシステムであり、もうひとつが、家族解体のあとで孤立した個人がもつネットワークシステムなのである。通常の家族を介入の単位として想定しても無効なケースに対してネットワーク・セラピーは効果をもつ。したがって、同僚や上司や友人など、家族以外に患者の飲酒行動を支える重要な他者がいる場合にも同じく効果的である。

単身者に対するネットワーク・セラピーの試みは、形態上、機関ネットワークによる地域ケアときわめて類似している。登場するメンバーに関する限り、患者と関係機関（スタッフ）だけであるという点で重なりあうからである。ここに両者が混同されやすい原因があるわけだが、しかし、両者はネットワーク・セラピストという第三者をもつかどうかで大きく異なっている。ネットワーク・セラピーにおいては、スタッフが患者に巻きこまれている可能性を外部からチェックする視点がつねに用意されている。こうした視点の存在が、ネットワーク・セラピーの有効性を裏づける最大の特徴といえるのである。

さらに、こうした形態上の一致が実は、一時的な一致にすぎないことも重要である。時間の経過とともに、家族、親族をはじめとするかつてのネットワークが復活したり、再就職によってネットワークが新たに創出されたり、セルフヘルプ・グループのメンバーが加わったりして、医療・福祉スタッフは彼のネットワークの一部に過ぎなくなってゆくからである。つまり、患者のネットワークは、つねに変化の可能性をもち、変動の過程にある。アルコール依存症をネットワーク障害として捉え、その経過をネットワークの変動過程として捉えるならば、回復とは縮小したネットワークを拡大してゆくこと、社会復帰とはネットワークを再編成することと言い換えることができる。

ネットワーク・セラピーの方法

縮小したネットワークの拡大と再編を促すための方法は、概念上二つの作業に分けられる[32]。第一は、患者がすでに保有しているネットワークの調整である。アルコール依存症は、患者（alcoholic）が周囲のひと（co-alcoholic）を巻きこんでゆくと同時に、周囲のひとが患者の病気を支える関係に入ることで進行する[36]。こうした支え手の代表格である患者の妻をはじめとして、患者の周囲には、患者の飲酒行動に関与し、それをやめさせようとすることで、結果として飲酒行動を助長する役割を果たしている人々が必ず存在する。医療福祉スタッフがその役割を担っている可能性も考慮する必要がある。これらの人々にみずからの誤りに気づかせ、患者に対する対応の仕方を変えさせることがネットワーク調整の第一歩となる。場合によっては単に対応の仕方を変えさせるだけでなく、一時的にせよ関係を断ってネットワークから離脱させることもこの作業に含まれる。

第二の作業は、新たなネットワークの創出である。ネットワークを縮小し孤立している単身者の場合には、彼の対人関係能力を成長させるためのいわば練習台となるようなネットワークを用意して利用させることも有効である。また、非単身者の場合でも、彼の対人関係の歪みを固定化し助長するようなネットワークの一角に、そうした歪みを修正するのに役立つようなネットワークを割りこませる必要がある。そうしたネットワークの具体的メンバーとなりうるのが、医療・福祉スタッフやセルフヘルプ・グループのメンバーにほかならない。こうした治療的ネットワークの参入によって、縮小したネットワークに拡大の契機が与えられ、病的なネットワークに変化の風穴があけられるのである。

セルフヘルプ・グループとネットワーク

これまで述べてきたネットワークをめぐるいくつかのキーワードと、もうひとつの重要なキーワードであるセルフヘルプ・グループとの関係を最後に整理しておこう。これらは、

表4　セルフヘルプ・グループとネットワークの関係

	患者視点	専門家視点
(1)　ソーシャル・ネットワーク	生活環境	介入対象
(2)　地域ネットワーク	適応資源	援助資源
(3)　セルフヘルプ・グループ	生活環境	援助資源

援助の方向性　(1)→(2)→(3)→(1)

援助の時間的流れという軸に、患者、専門家という二つの視点を組み合わせることによって次のように整理される。

まず、患者の視点からみると、患者は自身のソーシャル・ネットワークのなかで病的な飲酒行動を続けている。やがて、病院に受診したり、保健所や福祉事務所に相談に行ったりして専門家とのつながりをもてば、彼のソーシャル・ネットワークに専門家も加わる。さらに、セルフヘルプ・グループにつながれば、彼のソーシャル・ネットワークはもうひとつ拡大する。このとき、これらの諸機関のあいだでこの患者をめぐる情報が交換されたり、ケースカンファレンスがもたれたりすれば、そこには地域ネットワークが形成されたことになる。また、専門家がセルフヘルプ・グループの他のメンバーと彼に関する情報を交換すれば、地域ネットワークにセルフヘルプ・グループも加わる。ただし、これらの地域ネットワークは、患者からみれば生活適応のための利用可能な資源の集合にすぎず、それが回復を支えるか病気を支えるかは両方の場合がありうる。その後、彼が専門的治療を終えてセルフヘルプ・グループ中心の生活に入っていけば、彼のソーシャル・ネットワークから専門家はしだいに消失し、セルフヘルプ・グループを含んだソーシャル・ネットワークが彼の生活環境となる。セルフヘルプ・グループは、最初は患者にとって適応のための資源のひとつにすぎないが、徐々にそれは生活環境そのものに変わっていく。

こうした流れを専門家の視点からみれば、まず最初に、介入や治療の対象としての患者のソーシャル・ネットワークが存在する。次に、地域ネットワークの形成によって援助資源が組織化され、セルフヘルプ・グループもまた有力な援助資源のひとつとして利用される。つまり、専門家（機関）とセルフヘルプ・グループは、患者のソーシャル・ネットワークの一部となるとともに、地域ネットワークの一部ともなる両義的な存在であることになる。

以上の関係を整理したのが表4である。ここで重要な点は、地域ネットワークはあくまで過渡的な役割を担うものであることである。患者の病的なソーシャル・ネットワークを回復を支えるネットワークに転換するうえでの、一時的な踏み台としてそれは機能する。最終目的は地域ネットワークづくりにあるのではなく、あくまでも回復を支えるソーシャル・ネットワークづくりにある。地域ネットワークは、ソーシャル・ネットワークに始まりソーシャル・ネットワークに終わる援助の一連の過程における一段階としてのみ意味をもつのである。そして、このようなソーシャル・ネットワーク中心の考え方こそが、ネットワーク・セラピーの基本原理にほかならない。ネットワーク・セラピーは、患者のソーシャル・ネットワークの変化を目指す限りにおいて、この一連の過程のどの段階においても適用可能な介入技法としての意味をもっている。

おわりに

現代のアルコール依存症の地域ケアは、二つのネットワーク概念をめぐって展開している。ひとつは、事例として紹介したコミュニティレベルの地域ネットワークであり、参加機関や運営方法に多少の違いがあるにしろ、全国的にその重要性が認識されてきた方法である。今後のアルコール地域ケアの標準モデルとなるものと思われる。もうひとつが、ネットワーク・セラピーにみられた患者中心のネットワークである。ネットワーク・セラピーは、わが国ではいまだ着手されたばかりというのが現状であり、その成績をまとめて報告するまでには至っていない(12)。しかしながら、この基本的な考え方自体は、同じシステムズ・アプローチである家族療法への関心の増大にともなって、急速に普及しつつあるところである。

そして、この考え方は、地域ネットワークによるケアをより有効なものにするうえでも、きわめて重要な意義をもっている。「誰のための、何のためのネットワークか」という原点に立ち戻るならば、患者の視点から捉えられるネットワークの存在は無視できないはずだからである。関係機関のネットワーク、治療者・援助者のネットワークが、結局は患者の回復のためにあるという当然の事実を、ネットワーク・セラピーの考え方はより明確に表現している。

地域ケアにおけるネットワーク概念の積極的な導入は、患者や治療援助者を個として捉えることの限界の認識から出発している。個としてではなくシステムの一部として捉える見方、あるいは、要素として見るのではなく、関係の結節点として見る見方の重要性が認識されてきたのである。個の背後にどのようなシステムを想定し、そこからどのような関係を抽出するかによって、処遇方針と介入すべき対象は異なってくるが、こうしたシステムズ・アプローチの発想自体は、アルコール依存症の地域ケアを考え実践する際に、もはや避けて通ることのできない基本原理となりつつある。近年の地域ケアの動向は、何よりもこのことを物語っている。

〔参考文献〕
(1) 斎藤学「アルコール臨床における外来と入院」アルコール医療研究、四巻、二五一頁、一九八七年。
(2) 遠藤優子「ファミリーインターベンションの経験から」アルコール医療研究、三巻、二三八頁、一九八六年。

(3)小杉好弘「アルコール依存症と通院治療」アルコール医療研究、二巻、一九二頁、一九八五年。
(4)利田周太ほか「アルコール依存症における地域援助モデルの試み」アルコール研究と薬物依存、二三巻、S四二頁、一九八八年。
(5)金子基典「松江市周辺におけるアルコール関連問題のサポートネットワーキングへの取り組み」生活教育、一一巻、六二頁、一九八七年。
(6)白坂知信「行政機関との協力下における地域活動」アルコール医療研究、四巻、一九七頁、一九八七年。
(7)明石道子・小林政子「地域の中の回復をめざして」アルコール医療研究、二巻、二〇一頁、一九八五年。
(8)小林政子・小川英智ほか『アルコール依存症の回復をめざして』世田谷区保健所・福祉事務所・医療機関合同アルコール関連問題事例研究会、一九八六年。
(9)野口裕二・小林政子「酒害相談クリニックと地域ネットワーク」アルコール医療研究、二巻、二〇七頁、一九八五年。
(10)斎藤学「保健所でどこまでやれるか」アルコール医療研究、二巻、二一五頁、一九八五年。
(11)斎藤学「エンカウンター・グループを中心にした酒害家族への地域ケアについて」アルコール医療研究、四巻、七一頁、一九八七年。
(12)斎藤学・野口裕二「アルコール依存症のネットワークセラピー」現代のエスプリ、二四〇号、一五四頁、一九八七年。
(13)徳永雅子ほか「保健所酒害相談の効果」アルコール研究と薬物依存、二一巻、S二四二頁、一九八六年。

(14) 平野健二「医療機関からみた酒害対策懇談会」『酒害対策懇談会のあゆみ』酒害対策懇談会、一九八五年。
(15) 今道裕之「高槻市酒害対策懇談会の未来への展望」『酒害対策懇談会のあゆみ』酒害対策懇談会、一九八五年。
(16) 駒井博志「酒害対策懇談会の活動経過」『酒害対策懇談会のあゆみ』酒害対策懇談会、一九八五年。
(17) 駒井博志「何を求めて保健所に来るのか――大阪高槻保健所の酒害対策」生活教育、一一巻、五六頁、一九八七年。
(18) 榎本稔ほか「アルコール依存症のアフターケア・システム（Ⅰ）」社会精神医学、九巻、四九頁、一九八六年。
(19) 榎本稔ほか「入院治療から地域ケアへ」アルコール医療研究、四巻、一五一頁、一九八七年。
(20) Weisner, C., and Room, R.: Financing and Ideology in alcohol treatment. *Social Problems*, 32, 167, 1984.
(21) 山崎茂樹ほか「酒害相談事業における初期介入作業について」アルコール医療研究、五巻、三一三頁、一九八八年。
(22) 岩崎正人ほか「東京都内保健所における酒害相談の実態」アルコール研究と薬物依存、二二巻、S一七四頁、一九八七年。
(23) 井上茂「アルコール問題：福祉事務所からの視点」未刊行、一九八八年。
(24) 野口裕二「ネットワーク医療とネットワーク分析」アルコール医療研究、三巻、一二三頁、一九八六年。
(25) 河野裕明「特集にあたって――日本アルコール医療研究会の成立ちと本誌の役割」アルコール医

療研究、一巻、一一頁、一九八四年。
(26) 市村健二ほか「アルコール問題ソーシャルワーカー全国交流会と協会設立総会」アルコール医療研究、三巻、三三八頁、一九八六年。
(27) 野口裕二「アルコール依存と地域臨床——ネットワークセラピーを中心に」Medical Way, 四巻、六一頁、一九八七年。
(28) Speck, R. V.: Psychotherapy of the social network of a schizophrenic family. *Family Process*, 6; 208, 1967.
(29) Speck, R. V. and Rueveni, U.: Network therapy — A developing concept. *Family Process*, 8; 182, 1969.
(30) Attneave, C. L.: Therapy in Tribal Settings and Urban Network Intervention. *Family Process*, 8; 192, 1969.
(31) 遊佐安一郎『家族療法入門』星和書店、一九八四年。
(32) Erickson, G. D.: A Framework and themes for social network intervention. *Family Process*, 23; 187, 1984.
(33) Strug, D. L. and Hyman, M. M.: Social Networks of Alcoholics. *Journal of Studies on Alcohol*. 42; 855, 1981.
(34) Killworth, P. and Bermard, H. R.: A new sociometric and its application to a prison living unit, *Human Organization*, 33; 335, 1974.
(35) Favazza, A. R. and Thompson, J. J.: Social Networks of Alcoholics: Some early findings. *Alcoholism*, 8; 9, 1984.

(36) Maida, C. A.: Social-network considerations in the alcohol field. *Recent Developments in Alcoholism*, 2; 339, 1984.

Ⅳ　アディクションと近代

第9章　共依存の社会学

はじめに

共依存という言葉にはどこかアンビバレントな響きがある。何かとても本質的な問題を言い当てているようでもあり、当たり前のことを大げさに言い立てているようでもあり、といったところである。アメリカでは一〇年ほど前から一般の人々にもかなり注目されるようになったこの概念も、日本ではまだあまり知られていない。臨床家のなかにも、この概念を使うことへのある種のためらいのようなものが感じられる。

このアンビバレンスやためらいは、いったいどこに由来するのであろうか。この問いに答えるには、まず、共依存の概念の来歴を振り返ってみる必要がある。

1　イネイブラーから共依存へ

共依存の概念は、一九七〇年代のアメリカで、アルコール臨床の世界から生まれた。[1][2]アルコホリックの周囲には必ず、この病気にまきこまれながら、同時にこの病気の進行に手を貸す人、つまり、病気の支え手が存在する。AAやアラノンなどのセルフヘルプ・グループはいち早くこの存在に気づいて、イネイブラー（enabler）と命名し、イネイブラーの側の変化がアルコホリック本人の変化や回復にとって重要であることを見抜いた。しかし、イネイブラーは嗜癖者本人ではないにもかかわらず、その変化は予想以上に困難であることがわかってくる。こうなると、単なる支え手や補助的役割といって済まされるものではないという認識が出てくる。こうした認識の変化を反映して、コ・アルコホリック（co-alcoholic）という言葉が登場する。[3] つまり、アルコホリックと同様に深刻な病理を抱えた存在、単なる補助的存在ではなく、それ自体一個の独立した病理という認識である。しかし、独立した存在とはいっても、あくまで、アルコホリックの周囲に発生するという認識に変わりはなかった。

この考え方をさらに一歩進めたところに成立したのが共依存の概念である。そこでは、共に依存しあう関係性それ自体が病理の本質であり、アルコールや薬物への嗜癖は関係性の病理を修飾する現象にすぎないという認識上の大転換が起こる。こうして、「自己喪失の病」、あるいは、「他者の必要や行動に焦点づけられる結果として起こる機能不全」といった定義が導かれる。[4] イネイブラーやコ・アルコホリックにおいては必須条件となっていた問題の中核としてのアルコホリズムは定義上の要件から外されて、行動や人間関係の病理が純粋に扱われることになったのである。

イネイブラーからコ・アルコホリックを経て共依存に至る概念上の変化は、認識論の変化としてたいへん興味深いものがあるが、その前に、イネイブラーという概念自体、革命的ともいえる認識上の転換であったことを忘れてはならない。

アルコホリックといえば、意志薄弱でどうしようもない人というステレオタイプが示すように、嗜癖は嗜癖者の内部に原因があるという見方が常識であった。その同情すべき被害者とみられていた人々が、実は加害者でもあったというのがこの概念の意味するところだからである。次に、コ・アルコホリックの概念になると、主役—脇役、あるいは、加害者—被害者という見方から、両者とも同様に病理を抱えた存在という見方に変わる。個人から関係性への視野の拡大はこの概念によって、より洗練されたものとなる。そして、さらに、共依存の概念になると、関係性の病理そのものが純化されて取り出され、アルコールや薬物といった実体（substance）の存在とは関係なしに、この概念が用いられるようになる。

こうして、共依存の概念は、人間関係のあり方そのものに関する概念として、その適用範囲を飛躍的に拡大することになった。そして、この拡大が、実は、最初に述べたアンビバレンスやためらいに大きく関係している。

2　ためらいの理由

共依存の概念は、人間関係のあり方そのものを問題にしており、アルコールや薬物といった特定の実体の介在を必要としない。人間関係のあるところならばほとんど際限なく適用できる可能性をもっている。したがって、もし、共依存が病気と定義できるならば、ほとんどすべてのひとが病気となってしまう可能性が出てくる。事実、共依存に関する文献には、「アメリカの全人口の九六％は共依存」といった記述すらみられる。(5)

共依存という言葉に最初に接した時、「医療化（medicalization）もついにここまで来たか」という複雑な感慨を覚えたことを思い出す。医療化とは、第2章で述べたように、人々の生活の細部が次々に医療の管理下に編入されていくことを意味する。かつては、宗教や司法や教育、あるいは家族や共同体の手に委ねられていた現象が、医療の管轄の問題となっていくことである。それ自体、さまざまな正負の影響を社会に及ぼすわけだが、共依存の概念は、医療化の飛躍的な拡大の切り札となるかもしれないというのが、この言葉に最初に出会ったときの印象であった。

おそらく、わが国の臨床家にみられるためらいの一因もこのあたりにある。九六％の人にみられるのならば、それは異常ではなく正常そのものであるというのが少なくとも統計学上の常識である。これでは、カゼをひく人間は異常だといわれているのと同じようなものだともいえる。あるいは、特定の物質やその薬理効果を離れて、純粋に人間関係だけを取り扱うことへのためらいも考えられる。伝統的な精神医学や心理学において、人間関係のみに純粋に焦点をあてた理論は乏しく、生物学的あるいは精神力動的な基礎理論を離れて病理という判断を下すことがためらわれるのかもしれない。いずれにせよ、共依存の概念は、その適用範囲を飛躍的に拡大したために、かえって、一般の臨床家にとって使いにくいものになってしまったといえそうである。

しかし、それならば、なぜ、アメリカでこれほどまでに注目されることになったのかという疑問が生ずる。それに対するひとつの回答は日米の文化差であろう。筆者がアメリカで聞いた次のエピソードがそれを物語る。

ある日本の心理学者が夫婦関係を測定する尺度を開発してその日米比較を計画した。尺度を英語に翻訳してアメリカ人の研究者にみせたところ、そのアメリカ人はこう質問した。「これは何の病理の尺度ですか？　共依存？」。

いうまでもなく、日本文化においては良好な夫婦関係を意味する項目が、アメリカ人には、共依存の病理に見えたというお話である。つまり、アメリカではたとえ九六％にみられるとしても、それを良しとするのではなく、そこに病理を感じとる感性なり文化規範が存在する。これに対して、日本では、文化規範自体が共依存的であって、臨床家自身を含めてそれを問題視することが難しい。したがって、臨床上の概念として使いにくい、実感としてしっくりこないということになる。
わが国で、共依存という概念を使いにくくしている要因には、医療化の進展にともなう問題と、文化差とがある。これが一応の説明である。

3　共依存型社会

ところで、共依存に関する文献をみると、そこに近代文明、近代社会の原理に対する痛烈な批判があることに気づく。個人や家族の個別的な病理ではなく、近代社会そのものが共依存的なシステムとして成り立っているという認識である。たとえば、シェフ（Schaef, A. W.）は次のように述べる。「共依存は、それ自体とても興味深い病気です。それは、私たちの文化によって支えられているだけではなく、文化の中で積極的な機能を果たしているのです。つまり、嗜癖システムに順応している限り、共依存的にならざるを得ず、共依存はシステムにとって、一つの規範としての機能を果たしているのです⑤」。

社会システムのどこが共依存的なのかを理解するには、嗜癖という現象をまず理解する必要がある。定義上、嗜癖の基礎にあるのが共依存だからである。そして、嗜癖のなかでもワーカホリックをイメージするのが早道であろう。働き蜂、仕事中毒という名称でもおなじみのこの現象は決してわが国の専売特許ではなく、ここでは近代社会に特有の現象として捉えられている。勤勉と自己統制は資本主義のエートスでもある。

ワーカホリックがなぜ共依存的かといえば、仕事への熱中と業績の達成、そして、社会的評価の獲得というサイクルのなかに自己をつなぎとめていること、とりわけ重要なのは、自分を必要とし評価を下す他者の視線によって自己を定義しようとするその自己のあり方にある。つまり、他者からの評価のための努力と献身、そして、満たされぬ思いを原動力とする努力の繰り返し、というパターンがそこにある。これは、まさしく、アルコホリックとその妻との間に繰り広げられる果てしないドラマと酷似している。共依存の臨床家たちが発見したのはこのことだった。臨床家たちが、現場で出会った病理を関係性それ自体として純化して抽出してみたら、それは近代社会の原理そのものだった、ということである。

社会システムそのものが共依存的である。だとすれば、共依存の治療とは、社会システム自体の「治療」をも視野に入れなければならなくなる。これは、もちろん、臨床家の守備範囲を越える課題である。これが、臨床家がためらいを覚えるもうひとつの理由であり、同時に、冒頭に述べた、何か本質的な問題を言い当てている感じのする理由でもある。

社会が共依存的なのは何も日本特有の現象ではなく、近代社会に特有の現象である。したがって、日本に固有の特徴があるにしても、それだけに責任を帰すわけにはいかない。仮に、日本に固有の特徴がより正確にいうならば、日本では固有の文化が共依存的であるとともって、日米の違いをより正確にいうならば、日本では固有の文化が共依存的であるとともに近代社会としても共依存的であるのでそれを批判的に捉える契機に乏しいのに対し、アメリカでは、固有の文化が共依存的でないので、近代社会としての共依存性を批判的に捉える視点が生まれる、といえる。

4　共依存の社会学的意味

社会が共依存的なのは何も日本特有の現象ではなく、近代社会に特有の現象である。少なくとも、アメリカの臨床家が考えている共依存とはそのようなものである。それでは、なぜ、近代とはかくも共依存的になってしまったのであろうか。

社会学者のギデンズ（Giddens, A.）は、共依存の背景には、近代社会に特有の自己のあり方があるという[6]。近代社会においては、つねに、自分で自分をモニターしながら自分をコントロールしていくことが要請される。そして、コントロールの失敗は、そのまま、自分で負うべき責任となる。アルコホリックに社会的な非難のスティグマが伴うのも、飲酒のコントロールの失敗という事実がこの規範に抵触するからである。

しかも、この規範はセルフコントロールをすべしというのみで、どのようにすべきか、何を基準にすべきかについては多くを語らない。というよりも、それ自体、個人が自分の責任で考え、自由に選びとるべきものとされる。そして、いったん、ある方針を選んだらそれをただ遵守していればよいというものでなく、日々刻々と生じる状況の変化に対応しながら軌道修正を試み、自己のあり方を不断にコントロールすることが要請される。しかも、そのコントロールのあり方が正しいかどうかの確かな保証はどこにもない。

たしかに、われわれが、「自立した個人」、あるいは「責任ある主体」といった言葉で想起する近代の人間像にはこのような側面が含まれている。しかし、この要請が同時に問題を生み出す。ギデンズは、共依存者とは、「自らの存在論的安心のために、自己の欲求を定義してくれる人を必要とする人」であると述べている。また、「他者の世話をすることを欲しながら、無意識のレベルでは、その献身が裏切られることを期待している」ともいう。つまり、不断の自己コントロールを要請される主体が、そのコントロールにともなう多くの選択や決定という面倒な作業を回避して、自分がコントロールすべき対象を限定しようとするとき、そこに共依存が生まれる。自分で自分の欲求をモニターするのではなく、それを定義してくれる他者をみつけて、その相手との閉じた世界のなかで、自己のアイデンティティを維持する戦略と言い換えることもできよう。定義してくれる他者は、配偶者であってもいいし、子どもであってもいい。あるいは、会社や国家であってもいいというように概念を広げることができる。

そして、この関係においてもうひとつ重要なポイントは、「無意識に、献身が裏切られることを期待している」という点である。献身が役立ってしまえば、その時点で、新たな献身の対象や方法を見つけるという困難な課題、すなわち、自己コントロールの課題に直面してしまう。献身が裏切られることによって、同じ努力を何度でも飽くことなく繰り返すことが可能になる。しかも、これが無意識におこなわれるので、表面上、自己コントロールの規範に従っているように見える。こうして、本来の意味での自己コントロールの放棄が可能となるのである。

従来、嗜癖という現象には、アルコールにしろ薬物にしろ、逃避というイメージがつきまとっていた。「酒に逃げている」「薬に逃げている」というイメージである。ただし、このイメージにおける逃避は、本来すべき仕事からの逃避、労働や学業からの逃避という意味であり、本来すべきことはすでに決まっているという理解が前提にあった。しかし、共依存が描き出す逃避とは、このような決まりきった役割からの逃避ではない。そうではなくて、役割をみずから選択し実践し責任を引き受けることからの逃避が問題とされている。「自らの存在論的安心のために」というのはこのことを意味している。

このように考えてくると、共依存とは、どこかで聞いたことのある話にとてもよく似ていることに気づく。そう、あのナチスドイツにおける『自由からの逃走』[7]である。「欲求を定義してくれる人」という形容は、あのチョビヒゲの総統に何とふさわしい言葉であろうか。強大なひとりのカリスマではなく、最も身近にいる個人を対象に繰り広げられる『現代版・自由からの逃走』、それが、共依存の社会学的意味である。

5　回復の意味

さて、ここまで概念を広げてしまうと、文明批評としては面白くても臨床の道具としては使えないという声が聞こえてきそうである。しかし、次のことは臨床上も考えておかなければならない問題であろう。それは、回復とは何かという問題である。なぜなら、たとえばアルコホリックが治療を終えて戻っていく社会とは、これまで述べた意味での嗜癖的社会であり、共依存型社会であるからである。社会復帰あるいは社会適応とは、社会的に許容されない嗜癖（たとえば、アルコホリズム）から、許容されあるいは推奨される嗜癖（たとえば、ワーカホリズム）へと嗜癖の対象を変化させることを意味してもよいのかという問題である。

もちろん、それでよいという立場もある。それ以外に方法がないという答えもできる。しかし、ここでも興味深いのは、共依存の臨床家たちが辿り着いた答えである。彼らは、回復という言葉に独特のイメージをもたせている。それは、一言でいえば、共依存的でない関係性の構築ということである。その具体的なありようは、たとえば、ＡＡのミーティングや出版物のなかに垣間みることができるが、これを実際にイメージするのは困難かもしれない。それほどに、われわれの世界は共依存的な関係に染め上げられている。

ただ、ここで大事なことは、共依存の臨床家たちが、無責任な社会批判だけに終わらずに、独自の回復のイメージをも提示し、同時に、その方向で臨床活動をおこなっているという事実である。逆にいえば、共依存からの回復は、共依存型社会への適応を拒否するところに生まれるというのが彼ら臨床家の到達した答えである。さらに、彼らは、個人が共依存から脱した生き方をすることで、社会システムも同時に共依存から脱出するという予定調和的な展望まで示している。この展望の当否は措くとしても、共依存からの回復が決して別のタイプの共依存への転換では果たされないという臨床的判断をわれわれはどう受けとめるべきかという問題がここに浮かび上がってくる。

考えてみれば、九六％の人がかかっている病気を治そうと思ったら、社会の大多数の人が現に達成している社会的適応が治療目標にならないのは当然のことである。社会への適応が治療目標とはならず、独特の回復イメージを必要とするということ、それが共依存がわれわれに提起している問題の新しさであり深刻さであろう。

〔参考文献〕

（1）Friel, J.: *Co-dependency and the search for identity: A Paradoxical crisis*, Health Communications Inc., 1984.

(2) Schaef, A. W.: *Co-dependence, Misunderstood-mistreated*, Harper & Row, 1986.
(3) Weisner, C. and Room, R.: Financing and ideology in alcohol treatment. *Social Problems*, 32 (2): 167-184, 1984.
(4) Whitfield, C. L.: Co-dependence: our most common addiction—some physical, mental, emotional and spiritual perspectives, In Carruth, B. and Mendenhall, W. (eds.) *Co-dependency, Issues in Treatment and Recovery*. Haworth, 1989.
(5) Schaef, A. W.: *When society becomes an addict*, Harper Collins, 1987.（斎藤学監訳『嗜癖する社会』誠信書房、一九九三年）
(6) Giddens, A.: *The transformation of intimacy: Sexuality, love & eroticism in modern societies*, Stanford University Press, 1992.（松尾精文・松川昭子訳『親密性の変容』而立書房、一九九五年）
(7) Fromm, E.: *Escape from freedom*, Farrar & Rinehart, 1941.（日高六郎訳『自由からの逃走』東京創元社、一九五一年）

第10章　アディクションと近代

はじめに

ひとは、しばしば、何かに夢中になり、やめようと思ってもやめられない状態にはまってしまうことがある。「アディクション」(addiction) とはそのような状態を指す言葉であり、日本では「嗜癖《しへき》」と訳されている。やめられなくなる対象としては、アルコールや麻薬といった薬物がすぐに思い浮かぶが、たとえば、テレビばかり見ている子どもやテレビゲームばかりしている子どもを指してアディクションと呼ぶことも英語圏では珍しくない。それだけ、日常的で幅広い使われ方をするこの用語に日本語として最も近いのは、「中毒」という言葉であろう。「アルコール中毒」から派生したこの用語法は、「ギャンブル中毒」や「仕事中毒」といった造語を可能にして、われわれの日常世界に浸透してきた。

さらに、近年になって、薬物やテレビゲームなどの「もの」だけでなく、「ひと」との関係がアディクションの対象となるという議論がさかんになってきた。そのきっかけをつくったのが「共依存」(co-dependency) という概念である。共依存の概念の来歴については前章で論じたので繰り返さないが、要するに、アルコホリックの世話を焼き続ける妻に典型的に見られるように、ひとの世話をするということを、薬物やテレビゲームと同様、やめられなくなるということが重要な点である。アルコホリックがアルコールをやめられないのと同様に、アルコホリックの妻は夫の世話を焼くのをやめられない。そして、この二つのやめられなさが、実は、相互に刺激しあい増幅しあう関係になっているというのが共依存の臨床家たちが発見したことだった。

こうして、この考え方は、アルコホリズムの臨床において最も有力な理論のひとつとなったが、その影響はそれだけにとどまらなかった。アルコホリックの夫婦だけでなく、一般に、ぬきさしならない関係や、からまりあってほどけないような対人関係がすべて、この概念枠組みを用いて検討され始めたのである。「もの」ではなく「ひと」との関係がアディクションの対象となるというこのアイデアは、「もの」から「ひと」へと関心を移すことによって、概念の適用範囲を飛躍的に拡大させることになった。

「共依存」という用語は、さきほどの「ギャンブル中毒」や「仕事中毒」と同様、病名として正式に認められているわけではない。しかし、アルコホリズムがまさにそうであったように、いずれ、正式に医学の教科書に記載され、病院で医者に治療されるべきものとみなされる日が来ないとも限らない。現象はすべて、このように発見され、名づけられ、理論化され、といったプロセスをたどっていく。このような意味で、名づけられた現象は、すべて、歴史的構成物であると考えるべきであろう。

こうした認識をふまえて、アディクション概念の「もの」から「ひと」への概念的転回のもつ意味をあらためて考えてみることは、社会学にとってきわめて興味深い主題である。「もの」から「ひと」への転回はどのようにして生じたのか、また、どのような社会的趨勢と関連づけられるのか、そして、今後どのような展開が予想されるのか、これらが、検討すべき課題となる。これらを検討するにあたり、まず最初におさえておかなければならないのは、従来の「もの」へのアディクションがどのように説明されてきたかという点である。まず、この点から出発しよう。

1　ベイトソンの示唆

「もの」へのアディクションのありようを、最も高い理論水準で捉えたのは、間違いなく、ベイトソン(Bateson, G.)である。[1] ベイトソンは、独自のシステム理論の立場からアルコホリズムに接近して、「アルコホリックの扱いにおいて唯一みるべき成果をあげている」AAに関心をもった。つまり、「アルコホリックがなぜ酒をやめられないか」という問題を、「なぜ、AAでは酒をやめられるのか」という問題に翻訳したのである。そして、いくつかの重要な洞察を手に入れた。

ベイトソンは、まず、「覚醒」と「酩酊」の関係についての常識をひっくり返すことから始める。われわれは、ふつう、覚醒の状態はまさに正気の状態であり、酩酊はその正気を失った状態だと考えている。つまり、「覚醒＝正、酩酊＝誤」という図式である。だからこそ、酩酊という誤った状態は時と場所をわきまえてこそ許されるべきものと考えられている（＝無礼講）。しかし、一方で、覚醒の状態においてなんらかの誤りがあるからこそ、酩酊を求めるという見方も信憑性をもっている。精神医学や心理学の病因論はおおむねこの考え方に基づいており、しかも、酩酊を求めることは誤った解決法であるとみなされて、「覚醒＝誤、酩酊＝誤」という図式が導かれる。覚醒状態における誤りを酩酊という誤った方法で解消しようとするがゆえに、アルコホリズムは「病理」であると判定されるのである。

これに対して、ベイトソンは、「覚醒＝誤、酩酊＝正」という新たな図式を提示する。つまり、覚醒状態におけるなんらかの誤りが酩酊を求めさせるのならば、「酩酊は、少なくとも主観的には、誤りの修正をもたらすもの」と考えられる。酩酊を誤った対処法と捉えるのではなく、正しい方法と捉えるのである。だとすると、覚醒における誤りこそが問題になってくる。覚醒における誤りとは何か。

この点について、ベイトソンは、ＡＡの文書を引用しながら、きわめて興味深い考え方を示す。「ＡＡのメンバーはアルコールの虜になっていたのではありません。物質礼賛社会を飛び交う数々の偽りの理念が、彼を虜にしていたのです。その隷属状態からの脱出の一助に、アルコールがなっていたにすぎないのです」。この文章は、一見、「社会のあり方が間違っているから、飲まずにはいられない」という、よくあるアルコホリックの言い訳のように聞こえるかもしれない。しかし、ベイトソンが主張したいのはもちろんこのことではない。「世間の狂った前提への反抗として飲酒に走るのではなく、世間によって強化され続けている自分自身の狂った前提からの脱出を求めて飲酒に走る」と考えるのである。

この二つの言い回しの微妙な、しかし、大きな違いに注意する必要がある。世間のあり方が間違っているのではなく、自分自身のあり方が間違っている。世間は、自分自身のあり方の間違いを強化するものであって、間違っているのはあくまで自分自身のあり方なのである。だからこそ、酩酊による修正が試みられる。覚醒時の自分が誤っており、酩酊がそれを修正してくれるからこそやめられないのである。覚醒における誤りとは、自分自身のあり方にほかならないということになる。

それでは、自分のあり方がどう誤っているのか。それは、端的に言って、自己を意識と同一視する見方である。あるいは、意志する主体と言ってもいい。意志する主体であるならば、アルコールをコントロールすべきであり、また、できるはずだという認識それ自体が間違っていると考える。アルコホリックはそのことを身をもって証明しようとしているのである。意志によって欲求を制御する主体というのは、おそらく、われわれが、近代以降、理想としてきた人間像そのものといえる。しかし、そうした人間像自体が誤っている。誤っているからこそ、アルコホリックは酒をやめることができない。アルコホリックが身をもって証明しようとしているのは、この人間像の誤りである。これがベイトソンの主張であった。

ＡＡの成功は、この誤った人間像を見事に打ち砕いた点にある。ＡＡの12のステップ（本書九五頁）はそのための見事な物語である。「われわれはアルコールに対して無力であり、生きていくことがどうにもならなくなったことを認めた」という第一のステップにおいて、アルコールを制御する主体であることの不可能性がまず宣言される。そして、第二のステップでは、「われわれは自分より偉大な力が、われわれを正気に戻してくれると信じるようになった」というかたちで、自分をより大きなシステムの一部として認識する道が示される。何かを制御することで保たれていた自己の同一性、それを放棄することで行き場を失った自己の落ちつき場所がここに用意される。というよりも、自己が何かを制御するという図式それ自体が廃棄されるというほうが正確であろう。自己は大きなシステムに溶け込んだ一部として認識され、「自己」対「制御すべき何か」というデカルト的二項対立図式そのものが廃棄されるのである。

「世間によって強化され続けている自分自身の狂った前提」とは、このような二項対立図式そのものであったことがわかる。あるいは、酒を飲む、酒をやめる主体としての自分といいかえてもよい。このあまりにも当たり前のセルフ・イメージこそが、アディクションの生みの親だったというのがベイトソンの洞察だった。この洞察は、おそらく、アディクションのみならず、他のさまざまな行為に関する人間科学の前提にも、少なからぬ影響を及ぼすはずである。主体による行為を分析の出発点におくあらゆる近代科学は、意外なほど危うい前提に立っていることになる。そして、その「狂った前提」が他にどのような現象を帰結するのかという問題が新たに浮上してくる。ベイトソンの提起した問題は、このような理論的射程をもっている。アディクションとは、客体を操作することによって立ち現われる主体という近代特有のフィクションに生ずるほころびである。ベイトソンが示唆しているのはこのことである。

2 ギデンズの示唆

「もの」へのアディクションの理解をベイトソンが大きく前進させていた頃、「ひと」へのアディクションという考え方はまだ登場していなかった。「ひと」へのアディクションが「共依存」という用語によって注目されるようになって以後、最初に、この問題を社会学の文脈に引き寄せて論じたのが、ギデンズ（Giddens, A.）である。[2] ギデンズは、この問題を、近代後期における「自己」のありようと結びつけて論じたが、その議論に入る前に、まず、ギデンズがアディクションをどう捉えたのかをみておくことにしよう。

ギデンズは、アディクションを近代に特有の観念と捉える。なぜならば、伝統的な社会においては、毎日が同じことの繰り返しであり、その繰り返しをことさらあげつらうことは意味をなさないからである。近代以降、単なる繰り返しではないみずからの選択に基づく生活のスタイルが称揚されるようになってはじめて、単なる繰り返しがネガティブな意味をもつようになる。したがって、「アディクションは、自己を再帰的に形成することが近代後期において中心的な課題になってきた度合いをネガティブなかたちで示す指標となる」。ここでいう「再帰的」（reflexive）とは、不断の反省と修正ということを意味する。単なる繰り返しであってはならないという規範が浸透すればするほど、単なる繰り返しがネガティブなものに見えてくる。

それでは、アディクションは、自己の再帰的形成という課題の遂行にとってどのような意味をもつのか。ギデンズは、アディクションを、「自己の再帰的形成という課題から必然的に生まれながら、その課題の達成を拒否するひとつの様式」とみなす。つまり、アディクションは、われわれの生活を覆い尽くす「再帰的企て」からの離脱の試みとみなされるのである。ただし、拒否とか離脱といっても、それが明確に意識されて試みられているというニュアンスはない。アディクションそれ自体が、自己の再帰的形成という課題に対する否定という性格をもっている、というのがギデンズの理解である。

以上の理解において重要なのは、まず第一に、アディクションを近代社会が要請する課題から必然的に導かれるものとした点である。アディクションを単に常軌を逸した例外的事実とみなすのではなく、近代社会の再帰的性格から必然的に結果するものと考える。自己を再帰的に形成せよという規範が浸透するところならばどこでも、再帰的ではない単なる繰り返しは、アディクションという名のもとに問題視される潜在的可能性をもつ。したがって、この規範こそが、論理的な意味で、アディクションの生みの親であるということになる。

第二に重要なのは、このようにして成立するアディクションが、自己の再帰的形成という近代社会の重要課題の対極に位置する現象であると考える点である。つまり、アディクションは再帰性の否定という特性によって定義される。再帰性という課題の設定は必然的にその否定形を生み出す。ギデンズは、アディクションをこのような逆説的な存在として捉える。そして、こうした理解が、アディクションの対象を「もの」へと限定する理由を消滅させる。アディクションは、再帰性という規範が存在するところならばどこでも成立するものとみなされるからである。こうして、「ひと」へのアディクション、すなわち、共依存が議論の射程に入ってくる。

ギデンズは共依存症者を、「みずからの存在論的安心のために、自己の欲求を定義してくれるひとを必要とするひと」と定義する。自己の欲求をみずから定義するというまさしく再帰的な営みを放棄し、それを代わりにしてくれるひとを必要とすること、これが「ひと」へのアディクションの本態とみなされる。「もの」へのアディクションが担うのとまったく同様の機能を、「ひと」へのアディクションもまた担ってしまう。こうして、再帰性からの離脱という側面に着目することで、「ひと」へのアディクションと「もの」へのアディクションを同一の平面で論じることが可能になる。

それでは、「もの」と「ひと」は、再帰性からの離脱という文脈においてまったく等価な存在と考えてよいのであろうか。いいかえるならば、アディクションの対象を「もの」にするか、「ひと」にするかは、まったく偶然の問題と考えてよいのだろうか。この問題は、「共依存」がなぜ最近になって注目されるようになったかという問題に置き換えることができる。そして、この問題こそが、おそらく、「親密性の変容」という主題のもとで、ギデンズが問おうとしたことの核心にある。

これまでの議論から明らかなように、アディクションは、再帰性という規範が強く作用する領域においてよりいっそう明瞭なかたちで「問題化」する。かつては「もの」に関する現象と考えられていたものが、「ひと」にも適用されるようになった。この信憑を支えているのは、「ひと」との関係が再帰的に形成されるべきである、という規範の強まりにほかならない。共依存の概念の登場とその一般的流行は、このような社会変動に支えられていると考えることができる。

もうひとつ忘れてはならない理由は、共依存が「ひと」への献身という常識的にみて望ましい形態をとる点である。しかも、その献身は決して功を奏することなく、つねに裏切られ、献身は果てしなく繰り返される。そのことが、真摯で、文字どおり再帰的な努力という印象を与える。他人がそのような印象をもつだけでなく、本人自身もそのようなセルフ・イメージに酔うことができる。こうして、共依存は、再帰性の規範に一見合致するような形態をとることで拡がりをみせてきたと考えられる。

以上のことが示すのは、自己の再帰的な形成において、「もの」とうまくつきあうことから「ひと」とうまくつきあうことへという大きな重心の移動が生じていること、そして、「ひと」とのつきあい方は、かなり、複雑でまわりくどいものになってきているということである。「もの」に振り回されない自己から、「ひと」に振り回されない自己へ。近代社会は、自己という達成課題の焦点をこのように変えつつある。あるいは、われわれにとって、最も気がかりな問題がこのように変わりつつある、と言ってもよい。アディクション概念の変容は、こうした課題の変容をまさしく「ネガティブなかたち」でわれわれに示している。アディクションをリアルなものと感じさせる社会の変化のありよう、このことをわれわれはギデンズから学ぶことができる。

3 「もの」から「ひと」への意味

さて、ベイトソンとギデンズによるアディクション論を経由したいま、われわれは、どのような地点に立っているのであろうか。両者の議論は、互いに似ているようでもあり、異なっているようでもある。われわれは、両者のこの微妙に交錯する主張をどのように受けとめればよいのか。

両者に共通するアイデアを一言でいえば、アディクションとは、近代が要請する前提なり規範によって必然的に生み出されたものであるということである。ベイトソンにおいては、客体を操作することによって立ち現われる主体というフィクションが、ギデンズにおいては、再帰性という規範それ自体がアディクションを成立させる根拠として描き出されていた。アディクションは、単なる逸脱や例外ではなく、近代における必然的な現象であるというのが両者に共通する視点である。

しかし、両者は、そのことの評価において異なる。ベイトソンは、われわれが抱え込まされている「狂った前提」を廃棄し、自己というフィクションを解体する方向性を示唆しているようにみえる。AAが期せずして実践してしまったことの認識論的な意義に対するベイトソンの評価がこのことを示している。一方のギデンズは、われわれをとりまく「再帰的な自己形成」という課題それ自体を不可避の趨勢として受け入れ、その趨勢のなかで選びうる自己のありようを模索しているようにみえる。少なくとも、その課題を放棄するのではなく、その課題がどのような帰結をもたらすのかに関心がある。つまり、両者とも「自己」が近代のフィクションであるという認識に立ちながら、そのフィクションのゆくえをどう考えるかという点で異なっている。ベイトソンは、それを狂った前提と考え、ギデンズはその展開の可能性を探る。

両者のこうした違いを生み出している理由のひとつは、おそらく、アディクションを克服した後に達成されるべき状態に関するイメージの違いにある。あるいは、回復イメージの違いと言ってもよい。ベイトソンは、ＡＡにおける「ひと」と「ひと」との関係に、近代社会とはまったく異なる原理、いわば、近代社会の反転像を見出した。そこでは、自己のアイデンティティを他者の評価によって支えるという原理がものの見事に否定されていた。査定や評価のない社会的空間が発明されていたのである。まだ、「ひと」へのアディクションという観念が登場していなかった頃のことである。

これに対し、ギデンズは、「ひと」へのアディクションが注目されるようになった時点で、「ひと」との関係それ自体に関するさまざまな言説を各種のセラピーのなかに見出した。そして、そこに見出したのは、近代的な自己の否定ではなく、近代的な自己をより徹底させ洗練させるような方向性だった。「本当の自分に出会うこと」、「自分らしい自分であり続けること」といった言説が、「ひと」へのアディクションの治療目標とされているという現実である。自己というフィクションは、より綿密な輪郭をもって描き出されていたのである。いまや、「セラピーは、単なる不安への対処ではなく、自己が再帰的であることを表明するひとつの方法」[3]となっていたのである。

つまり、「ひと」へのアディクションの登場は、近代性の限界を示す病理ではなく、近代性の徹底をはかるひとつの巧妙な装置として機能しているという見方がここで可能となる。かつて、「もの」へのアディクションからの脱出を革命的な方向で果たしたＡＡのアイデアには、きわめてラディカルな近代批判のメッセージが含まれていた。ベイトソンが見抜いたように、それは、自己というフィクションのもつ根本的な弱点に対する深い洞察に支えられていた。しかし、そのメッセージは、結局のところ、部分的な修正のメッセージとして、近代の支配的な言説のなかに回収されてしまった。というよりも、近代の言説をより徹底することに今まさに貢献しているというほうが正確かもしれない。アディクションの「もの」から「ひと」への転回はこのような意味的変容を可能にしたのである。

ベイトソンとギデンズの距離はこうした時代の変化を物語っている。しかし、こうした時代の変化によって、ベイトソン的な認識は、すでに時代遅れのものとなってしまったと考えるのは早計であろう。たしかに、「ひと」へのアディクションにまつわる言説は、自己というフィクションを補強する方向にいまのところ作用している。しかし、この作用がさらに進んでいった場合、そこには、どのような事態が生じるであろうか。

ギデンズも述べるように、アディクションは、再帰性の規範が作用するところならばどこでも成立する可能性がある。また、最近のいくつかのセラピーにみられるように、現在の対人関係だけでなく、過去のとりわけ幼少期の対人関係もまたアディクションと同型の論理でもって捉えることができる[4]。幼少期の体験への固着とは、幼少期における親との現在まで引き延ばされた共依存として理解できるからである。こうして、「ひと」だけでなく、「過去」までもが概念の射程に入ってくる。きわめて多くの現象がアディクションという名のもとに論じられるようになっている。

しかし、このような適用範囲の拡張は、結果として、アディクションの概念を拡散させ希薄化させていく。すべてが結局のところアディクションではないのかという疑いが出てくるのである。だとすれば、それをあらためて論じる必要はどこにあるのか。あるいは、望ましいアディクションと望ましくないアディクションを誰が決めるのか。結局、どのような自己が望ましい自己といえるのか。こうして、問いはもとに戻る。われわれが守ろうとしている自己とは何か。ベイトソンの視点が、再度、浮上してくる。

4　自己というフィクション

アディクションの概念の拡散と希薄化を最も端的に示す例は、ワーカホリック

(workaholic)の概念であろう。仕事中毒を意味するこの概念は、とりわけ、日本人にとってはわかったようでわからない概念である。仕事以外にまったく目が向かない状態というのはたしかにおかしいと思う一方で、「仕事一筋」とか「仕事の鬼」という言葉は相変わらず褒め言葉として用いられる。一体、どこまでが許容範囲でどこからが行き過ぎなのか、その判定はきわめて困難である。また、このことは、世間に許容され推奨されるアディクションと否定され非難されるアディクションの二つのアディクションが存在するという問題にも気づかせる。誰がどうやってそれを判断するのか。

アディクションの許容範囲に関するこの問題は、再帰性規範の浸透度というギデンズの指摘が最もよくあてはまる例といえるかもしれない。たとえば、日曜日に自宅に居るとなんとなく落ちつかず、思わず会社に行ってしまうような事例が病的な事例として紹介されることがある。しかし、自営業者や自由業者が休日という観念もなしに仕事をすることに関しては問題視されることは少ない。外国から日本人の働き過ぎが非難され、週休二日制が普及するという時代の変化が生じてはじめて、日曜日に自発的に出勤するサラリーマンが問題視されるようになる。

また、許容されるアディクションと許容されないアディクションという問題も、同様の論理で説明がつく。仕事は長いあいだアディクションという非難を免れる聖域のひとつであった。アディクティブであることが、むしろ、当然視され推奨される数少ない領域のひとつであったとさえいえる。このように考えると、ここで生じている変化とは、仕事とその達成によって定義される自己から、仕事と仕事以外とをバランスよくこなすことによって立ち現われる自己へという自己像の転換であることがわかる。ワーカホリックの概念の登場もまた、共依存の概念と同様、自己というフィクションに課される達成課題の変化を示しているのである。

それでは、なぜ、このような達成課題の変化が生じているのであろうか。あるいは、このように達成課題を変化させることで、自己というフィクションは、どこに向かおうとしているのであろうか。この問いに答えるためには、自己というフィクションが原理的に含んでいる特性をあらためて検討してみる必要がある。

ベイトソンが指摘した自己とは、結局のところ、客体をうまく制御することによって立ち現われる自己であった。主体という現象は、客体とセットになって相互に存立を根拠づけあうように成立していたといえる。これに対して、ギデンズが指摘する自己とは、単に客体をうまく制御することではなく、うまく制御し続けることへと焦点を移している。つまり、ベイトソンの描き出す自己が、結果として客体の制御に成功していればそのプロセスを問われないで済むような自己であったのに対し、ギデンズのそれは、結果よりもそのプロセスに重点が移り、うまく制御するために最大限の努力を傾けていることに焦点が置かれている。不断の反省と修正という再帰的な自己のあり方は、それが客体の制御にとって有効であるからというよりは、そのプロセスそれ自体に価値があるものとみなされている。つまり、客体を制御する自己ではなく、客体を制御する自己を監視しそれをさらに制御するいわばメタレベルの自己が描き出されている。これが、自己というフィクションの現在のありようである。

この変化は、おそらく、われわれの日常的な関心の所在が「もの」から「ひと」へと変化してきたということと対応している。「もの」とうまくつきあうことから、「ひと」とうまくつきあうことへ。あるいは、「もの」にからめとられる恐怖から、「ひと」にからめとられる恐怖へ、といってもよい。いずれにせよ、「ひと」との関係のありようが自己のありようにとってきわめて重要な意味をもつようになった。そして、この変化における「もの」と「ひと」の決定的な違いは、「ひと」は決して客体であり続けるわけではなく、主体としても立ち現われるという点である。「ひと」が主体として立ち現われるとき、いうまでもなく、自己は客体となる。あるときは主体として立ち現われ、あるときは客体として立ち現われる自己、この二つの自己を統合するためには、もうひとつメタレベルの自己を想定せざるをえない。こうして、再帰的な自己が必然的に要請されることになる。再帰的な自己とは、自己を対象化することによって存立するメタ自己を意味するものであったといえる。

自己というフィクションは、いま、このようなかたちで存立している。「もの」を制御する自己から「ひと」を制御する自己へという展開は、単に、「もの」から「ひと」へという焦点の移動を意味するのではない。それは、「もの」と「ひと」の両者が、同じアディクションの概念のもとに同じレベルで扱いうることを暗黙のうちに主張している。「もの」から「ひと」へ、ではなく、「もの」も「ひと」も、アディクションの対象となりうるというのが、ここに含まれているメタ・メッセージである。アディクションは、そのような幅をもつ概念として鋳造し直されたのである。そして、ワーカホリックの概念の登場も、この同じ文脈に位置づけることができる。ワーカホリックの概念は、「もの」でも「ひと」でもない「こと」もまたアディクションの対象となりうると主張する。さらに、最近では、「関係アディクション」や「プロセスアディクション」といった概念も提示されている。[5] こうして、「もの」への限定をひとたび解除されて以降、アディクションの概念は、文字どおりあらゆる対象をとり込むことのできる概念へと生まれ変わったのである。

こうした事態をネガティブに捉えれば、前述の、概念の拡散と希薄化ということになる。概念の拡散はそれ自体、きわめて危険な徴候でもある。何にでも適用できる概念は、何も主張しないのと同じことになるからである。しかし、アディクションの概念は、あえて、この危険を冒しながら、適用範囲の拡大という道を選んだ。そして、このような概念の綱渡りを通して発せられる第二のメタ・メッセージが、自己を制御する自己というイメージにほかならない。

「もの」、「ひと」、「こと」のすべてと上手につきあうことが求められるとき、そうした個々の対象との個別的な関係はほとんど無限の拡がりをもってしまう。かつては、アルコールや薬物といった特定の「もの」にだけ気をつけていればよかったが、今や、何がアディクションの対象となるかわからない。あらゆる対象がアディクションを呼び起こす危険性を秘めているとき、そのすべてに気を配ることは現実に不可能であろう。このような状況規定が、自己を制御する自己というイメージに信憑を与える。すべての対象ではなく、すべての対象と関係を結ぶ自己のありようを総体として点検することが有効で現実的な課題となる。アディクションの概念は、みずからを拡散させるという危険をあえて冒すことで、自己を制御する自己という新たなフィクションを浮かび上がらせることに成功した。自己というフィクションは、いま、アディクションという見事な脇役に支えられながら存立している。

5　再帰性とアディクション

さて、以上の議論から、アディクションという現象を論ずることは、すなわち、自己という現象を論ずることになるということが明らかになったはずである。自己というフィクションの変容は、アディクション概念の変容に支えられ、アディクション概念の変容は、自己というフィクションの変容に支えられている。それでは、アディクションという概念が信憑を獲得するようになる以前は、自己というフィクションはどのように存立していたのであろうか。あるいは、自己というフィクションは、アディクションという名脇役をどのようにして発見してきたのであろうか。

この問題を考えるうえで、重要なヒントを与えてくれるのがデュルケーム（Durkheim, E.）である。よく知られているとおり、デュルケームは、一九世紀のフランス社会を観察しながら、自己が自己以外に目的を見出せなくなる状態、および、「無限性の病」にとりつかれつねに欲求不満にかられる状態を、それぞれ、「エゴイズム」と「アノミー」と名づけた。[6] これらの状態がともに、再帰性を欠いた状態であり、しかも、なんらかの反復をともなうものであることは示唆的である。つまり、近代的自己における失敗は、反復という形式をとる点で、アディクションときわめて近い位置にある。というよりも、「エゴイズム」も「アノミー」も、終わりのない反復であるという点では、アディクションの一形態と考えることができる。

近代における自己というフィクションは、自己それ自体を神聖化することによって、自己を意味づける外部の絶対的定点を失った。自己を意味づけるのも自己以外にないという文字どおり再帰的な空間が出現したのである。そうしたなかで、自己に献身することで自己を見出すというタイプのアディクションが生まれる。これがエゴイズムである。一方、なんらかの達成とそれによる満足に自己を見出すタイプのアディクションも生ずる。これがアノミーである。そして、いずれも、その困難から脱出するためには、よりいっそう、反復を強化させざるをえないという点に注意する必要がある。不安や不満の解消のために、エゴイズムは自己への献身をさらに強化させ、アノミーはまさに「無限性」に向かって突き進んでいく。

あるいは、アディクションの概念は、エゴイズムとアノミーが相互にからまりあう現在の状況をうまく指し示すものと考えることもできる。再帰性の規範が強まる現在において、エゴイズムのもたらす苦悩は、自己以外に献身対象をもてないことではなく、自己への献身を手抜きできないこと、自己への献身に最大の関心をはらわなければならないことへと焦点を移している。そして、その自己への献身に終わりはなく、まさに「無限性の病」という状態におかれる。一方、現代におけるアノミーは、欲望の対象を「自己」や「身体」へと移すことで、エゴイズムとの境界を曖昧にしている。つまり、現代的自己のおかれた状況は、エゴイズムのアノミー的追求、あるいは、アノミーのエゴイズム的展開として描けるような性格をもっている。こうした状況をうまく言いあてているのが、アディクショ ンの概念なのである。この意味で、アディクションは、一九世紀のエゴイズムとアノミーの現代における正統な嫡子といえそうである。前世紀にすでに気づかれていた自己をめぐるアポリアが、いま、名前を変えてアディクションと呼ばれている。

このように考えるならば、エゴイズムとアノミーをアディクションの一種とみなすことにそれほど無理はないはずである。それらは、反復という形態において共通するだけでなく、そうした反復を産出する同型の構造をもっている。それは、ある問題の解決のためにする行動がその問題をより強化させる、という構造である。ベイトソンが鋭く描き出したように、アディクションにおける問題解決はつねに一時的であって、問題が解決したという確証は決して得られない構造になっている。そして、より確からしい証拠を求める試みは、必然的に、問題それ自体を再現しては解決するという果てしない反復へと人々を駆り立てていく。エゴイズムとアノミーにおいてみられた満足の一時性と絶え間ない焦燥という特質もまた同様の構造に支えられている。

つまり、問題を解決しようとするからこそ、問題が解決しない。しかも、そのような行動を選択させているのが、ほかならぬ再帰性という規範である点が、さらに重要な点である。問題解決のための行動をみずからの判断で選択してよいからこそ、そして、選択しなければならないからこそ、こうした反復が生ずる。再帰性という規範は、しばしば、ある種の無限等比級数のようにわれわれの選択の幅を縮め、それを一点に収斂させていく。再帰性の規範それ自体が実質的にアディクションの昂進を促す原動力となっているのである。

こうして、アディクションと自己との関係において、再帰性の果たす逆説的な役割が明らかになる。ギデンズが指摘するとおり、再帰性こそが、アディクションの論理的な意味での生みの親である。再帰性という規範がその論理的対称物としてアディクションを析出する。同時に、アディクションという観念の存在が、再帰的な自己というフィクションをリアルなものとして存立させている。そして、もうひとつの側面が、いま述べた、アディクションを無限の反復へと昂進させていく原動力としての再帰性である。再帰的な自己であろうとする努力が、アディクションのプロセスを実質的に駆動する。この意味で、アディクションを再帰性からの離脱や否定の試みとしてのみ捉えるのは一面的というべきであろう。たしかに、アディクションは結果において再帰的でない。しかし、その動機において再帰的である。再帰的であろうとするからこそ、アディクションが昂進する。再帰性こそが、アディクションをアディクションたらしめている。

自己とアディクションとは、このように、逆説的な関係にある。再帰性の規範は、アディクションを断罪する一方で、その実質的な駆動力として作用する。動機において再帰的であることが、結果において再帰的でない事態を招来する。これが、アディクションと呼ばれる事態のもつ逆説性である。しかも、この事態からの脱出に際して、われわれが参照できる手だては、またもや、再帰性以外には見あたらない。そして、再帰的であれという規範に従えば従うほど、結果として、再帰的でない状態に陥っていく。この逆説的事態は、一種のダブルバインドということができる。「再帰的であれ」というメッセージと、「あなたのしていることは再帰的ではない」というメッセージとの挟み撃ちにあって身動きがとれない状態といえるからである。

自己というフィクションがある任意の一点を目指して運動を始めるとき、それらはすべて、アディクションという名のもとに断罪することができる。そして、その断罪こそが、自己形成において参照すべき最も有力な手がかりになる。アディクションを回避できていることが、自己の望ましさの証明となる一方で、望ましい自己であろうとする再帰的な努力こそがアディクションの深みへと人々を導く。いま、われわれは、このようなきわどいメカニズムを頼りに自己をかたちづくらねばならない状況におかれている。

6 「自己＝アディクション」のゆくえ

自己という信憑は、アディクションという信憑と対になって存在している。しかも、それは、相互に論理的に析出しあう関係にあるだけでなく、つねに、相互に参照しあい、相互に排除しあい、また、相互に駆動しあうような複雑な双対性を形成している。この意味で、われわれは、今、両者から構成される「自己＝アディクション」というフィクションを生きているということができる。

そして、この「自己＝アディクション」というフィクションは、今後、当分のあいだ有力であり続けることが予想される。それは、自己とアディクションの無限の運動を想定している点で、いいかえれば、自己をすでに存在するものではなく、達成すべきものとする点で、自己の限界という考え方をあらかじめ巧妙に排除する仕掛けになっているからである。近代は、この巧妙な仕掛けを発明し、それによって作動してきたともいえよう。

この仕掛けは、結局のところ、再帰性という概念のもつ論理的な性格に依拠している。どれだけ再帰的な努力を続けても、これで終わりという到達点は定義上存在しない。また、自分がどれだけ再帰的であるかを評価する基準も存在しない。再帰的であるということは、そのような定点や基準に依拠することを拒否することを意味するからである。こうしたなかで、なんらかの定点に依拠しようとするとき、それがアディクションと呼ばれる。あるいは、呼ぶことができる。一瞬前の自分を対象化し評価し反省しそれを未来へと投企するような果てしない営み、これだけが、再帰性の名に値する。そして、この営みからの逸脱が、アディクションと呼ばれ、そのアディクションを克服するささやかな試みは、再帰性への帰還として称賛されるのである。だとすれば、自己が存在する限り、アディクションもまた存在し続ける。この意味で、「自己＝アディクション」という仕掛けは、きわめて巧妙なかたちで、これまでどおり作動し続ける可能性がある。

しかし、一方で、この仕掛けがきわめて過酷な排除の装置であることも忘れてはならない点であろう。アディクションを断罪することで、自己を存立させるというメカニズムは、つねに、犠牲の山羊を必要とする。しかも、いつ、自分が断罪されてもおかしくないほどに、いまや、アディクションの概念は拡大しているのである。このいつ果てることのないゲームにとって、最大の敵は、人々がゲームの仕掛けに気づき、ゲームから降りようとすることであろう。ＡＡが、そして、ベイトソンがいち早く見抜いたのは、このことだった。自己という信憑のもつ特権性を廃棄し、自己と世界という区分方法自体を相対化していくこと、それが、ＡＡがわれわれに示しているもうひとつの道である。

われわれは、これからも「自己＝アディクション」というフィクションを生きていくのか、あるいは、そこから離れていくのか、そして、離れるとすれば、そこには、どのような自己と社会が存立することになるのか。われわれが、今後、注意深く見守っていくべき課題がここにある。

〔参考文献〕

（1）Bateson, G.: The cybernetics of 'self': A theory of alcoholism. *Psychiatry*, 34: 1-18, 1971.（佐藤良明・高橋和久訳『精神の生態学（下）』思索社、一九八七年／佐藤良明訳『精神の生態学へ（中）』岩波文庫、二〇二三年）

（2）Giddens, A.: *The transformation of intimacy: Sexuality, love & eroticism in modern societies*, Stanford University Press, 1992.（松尾精文・松川昭子訳『親密性の変容』而立書房、一九九五年）

（3）Giddens, A.: *Modernity and self-identity: Self and society in the late modern age*, Stanford University Press, 1991.（秋吉美都・安藤太郎・筒井淳也訳『モダニティと自己アイデンティティ』ちくま学芸文庫、二〇二一年）
（4）野口裕二「物語としてのＡＣ」アルコール依存とアディクション、一二巻一号、二—四頁、一九九五年。
（5）Schaef, A. W.: *When society becomes an addict*, Harper Collins, 1987.（斎藤学監訳『嗜癖する社会』誠信書房、一九九三年）
（6）Durkheim, É.: *Le suicide: Étude de sociologie*, Felix Alcan, 1897.（宮島喬訳『自殺論』中央公論社、一九六八年／中公文庫、二〇一八年）

V

補論

補論1　アディクションの社会学

はじめに

アディクションをめぐる社会学的考察はこれまでどのように展開してきたか。この問題を筆者がこれまで影響を受けてきた研究を紹介しながら検討するのが本論の目的である。ここでとりあげるのは以下の四つの研究である。第一は、ベイトソンによる「無力」という概念の発見、第二は、ギデンズによる「共依存」への注目、第三は、ホワイトとエプストンによって提唱された「外在化」という方法、第四は、カーツによる「スピリチュアリティ」をめぐる考察である。これらの研究はかならずしも社会学者によってなされたものではないが、その内容が社会学的であるという点でとりあげている。また、紹介の順序は発表年ではなく、筆者がこれらに出会って影響を受けた順になっている。これらを検討した後に、筆者自身による「ナラティヴ・コミュニティ」に関する考察にもふれながら、アディクションの社会学的考察の意義について検討する。

1　ベイトソンの「無力」

筆者がアディクションの研究を始めて最初に衝撃を受けたのがベイトソンの研究[1]である。それは、The Cybernetics of "Self": A Theory of Alcoholism という題名が示すとおり、「自己」のありように焦点を当ててアルコール依存症に関する新たな理論を打ち立てようとするもので、それまでの精神医学的な説明や心理学的な説明にはなかった独自の社会学的な視点が含まれていた。それは、近代社会に特有な「自己」のあり方という視点である。

ベイトソンは当時アルコール依存症からの回復において大きな成果をあげていたAA（アルコホーリクス・アノニマス）の実践を研究するなかで「12のステップ」に注目する。そのステップ1は次のように始まる。「私たちはアルコールに対し無力であり、思い通りに生きていけなくなっていたことを認めた[2]」。この「無力」という言葉はきわめて重要な意味をもっている。なぜなら、アルコール依存症者はアルコールをコントロールするための闘いを延々と続けてきていつも失敗して現在に至っている。このとき、アルコール依存症者はアルコールに対して「有力」であらねばならず、「有力」であることが可能であるという前提に立っている。しかし、AAは最初にその前提を打ち砕く。アルコールに対して「有力」であるというこの前提こそが間違っている。この前提を破棄して「無力」を認めることをすべての出発点に据えた点にAAの成功の秘密があったとベイトソンは考えた。

では、なぜ、アルコール依存症者は自らを「有力」であると考えてしまうのか。それは、その背景にそうした誤った考え方を強化する近代社会の原理があり、それが誤った「自己」のあり方を強化しているからである。それは自らの意志の力で自らの行動を適切にコントロールすることが正しい「自己」のあり方であり、それができないのは未熟な「自己」であるという考え方である。しかし、このような考え方自体が、アルコールとの果てしない闘いへとひとびとを駆り立て、結果として依存症をより深刻なものにしていく。つまり「有力」であるべしという近代的規範こそがアルコール依存症を生み出している。だとすれば、「有力」であるための闘いを放棄して「無力」を認めることが回復への出発点となる。多くのひとびとが当然の前提として疑わない近代社会の原理、それこそがアルコール依存症を生み出しているという視点はきわめて社会学的な視点であるといえる。

2 ギデンズの「共依存」

次に大きな影響を受けたのはギデンズの研究[3]である。ギデンズは著名な理論社会学者であり、近代社会のマクロな分析などで知られていたが、そのギデンズが「親密性」という主題のもとで「アディクション」や「共依存」というミクロな現象をとりあげたことは当時驚きをもって迎えられた。また、それまでもっぱら「社会病理」という枠組みで論じられてきたアディクションの問題が「近代社会論」のひとつの主題にもなりうることを示してくれた点で、筆者にとって大きな刺激となった。

ギデンズはアディクションを次のようにとらえる。アディクションは、「自己を再帰的に形成することが近代後期において中心的な課題になってきたことを示す否定的指標」である。ここで「再帰的」というのは「不断の反省と修正」ということを意味する。つまり、自分で自分を観察し反省し修正すること、それがうまくできないことを示すのがアディクションであり、まさに再帰的な自己形成の失敗を示す「否定的指標」となるのである。われわれはたしかに「不断の反省と修正」を求められている。前近代社会であれば共同体の掟に従っていればよかったさまざまな行為が近代以降、個人の選択に任されるようになり、その失敗が個人の責任として断罪されるようになった。そのひとつがアディクションだということである。

そして、こうしたアディクション概念が、アルコールなどの物質への依存だけでなく、人間関係にも拡大され適用されるようになったのが「共依存」である。ギデンズは共依存症者を「自らの存在論的安心のために、自己の欲求を定義してくれる人を必要とする人」と定義する。依存症の夫の世話を焼くことをやめられない妻に典型的にみられる状態が、依存症者に依存する関係性の病理としてとらえられるようになった。さらに、それは「他者の世話をすることを欲しながら、無意識のレベルでは、その献身が裏切られることを期待している」点で嗜癖的である。つまり、「共依存」への注目は現代社会における「再帰性」の高まりを示している。何を「病理」として感じるかは社会の変化によって変わる。ギデンズは、「共依存」という事態に敏感に反応してそれを「関係性の病理」ととらえる社会に着目し、そこに後期近代社会における「再帰性」の高まりを見出した。「病理」と「社会」の関係をこのように描き出した点にギデンズの大きな社会学的貢献がある。

3 ホワイトとエプストンの「外在化」

次に影響を受けたのが、ホワイトとエプストン(4)によって提唱された「外在化」という方法である。「外在化」はナラティヴ・セラピーの中心的方法として知られており、「問題」を個人の内部にある病理や欠陥としてとらえるのではなく、外部にあってそのひとを苦しめてきたものととらえる点に大きな特徴がある。この方法はアディクション領域で生まれたものではないが、アディクション領域においても有効性を発揮してきた。

ホワイトとデンボロウ(5)は、摂食障害への支援の過程で、「アノレクシア」(拒食症)の原因を探るのではなく、「アノレクシア」というモンスターが患者をいかに誘惑し振り回し支配してきたかに目を向けた。ある患者は次のように述べる。

「アノレクシアは約束する。『やせればやせるほどコントロールが手に入る』と、モンスターは言うけれど、やせていけばいくほど、結局入院し、何のコントロールも失うことになるのです」

「アノレクシアは巧みにだます。モンスターは私のたった一人の友達で、私はただモンスターの言うことを聞けばいいのだ、と信じ込ませます」

「アノレクシアは束縛する。モンスターは、私が他の誰とも違うという気にさせて、人と過ごす時間をどんどん減らそうとします。そして、気づいたら私は一人ぼっちでモンスターと一緒にいるのです」

「アノレクシアは感情をコントロールする。私がやせると、モンスターは私をいい気分にさせ、何かを達成したような満足感を与えます」


このように「問題」を「外在化」することによって、患者は自らの内なる病理の修正や治療ではなく、自分を支配してきた敵との闘いへと課題を転換する。変わるべきは自分ではなく、自分と敵との関係になる。それではなぜ、われわれはこのような敵に支配されてしまうのか。その背景には、われわれが生きる社会の暗黙の前提となっているジェンダー規範の存在がある。男性にたくましさを求め、女性にかわいらしさを求めるおなじみの規範である。つまり、モンスターとは、実はわれわれが暗黙のうちに信じているジェンダー規範の影であるといえる。それは、個人の内部にある病理ではなく、社会を覆っている規範による呪縛にほかならない。「外在化」という方法は、アディクションを生み出すこうした社会学的要因の存在に光を当てている。

4 カーツの「スピリチュアリティ」

次に紹介するのは、カーツ[6]による「スピリチュアリティ」をめぐる考察である。この研究はＡＡの思想と実践の歴史を詳細にたどるもので評価の高い研究だったが、残念ながら長い間翻訳がなかった。その翻訳が一昨年出版されて、あらためてこの研究の重要性にふれることができるようになった。ＡＡが「スピリチュアリティ」を大切にしていることはよく知られている。しかし、なぜそれが大切なのか、それが回復とどう関係しているのか、そもそも「スピリチュアリティ」とは何かと問われるとうまく答えられないことが多い。この問いに関する重要なヒントを与えてくれるのがこの研究である。

「ＡＡは宗教的というよりスピリチュアル」という言葉がある。ＡＡの創始者たちはキリスト教の教会や神学には失望していたが、スピリチュアルなものには効き目があると考え、「ＡＡのプログラムは宗教なしでよく効く」と言われていたという。つまり、ＡＡは「宗教」ではないと主張するために「スピリチュアル」という言葉を使った。われわれ日本人にとってはこの二つは似たようなものに感じられるが、ＡＡでは対立的な意味で用いられていたのである。さらに、「スピリチュアル」という言葉には「心理学的」ではないという含意もあったという。二〇世紀半ばのアメリカでは、「啓示による宗教から道徳を説く心理学へと社会的権威が移行」した。しかし、当時、心理学および心理療法はアルコール依存症者を助けることができず、むしろ、彼らを「さらに悲惨な自己憐憫の苦しみ」に追い込んだ。当時のアメリカで依存症者に与えられた二つの選択肢である「宗教」と「心理学」はどちらも彼らを救うことができなかった。そして、この二つとは異なる第三の道を示すのが「スピリチュアル」という言葉だったのである。

しかし、この「スピリチュアル」という言葉には前近代的で非合理的な響きが伴う。われわれ日本人がＡＡに接したときに感じる違和感もおそらくこのあたりにあるだろう。しかし、ＡＡは、まさにその点を問題にしたとカーツは述べる。「スピリチュアルなもの」を非科学的で非合理的なものとして否定し排除する思想こそがアルコール依存症を生み出している。アルコール依存症は「完全な合理化とコントロールへの欲求」に支配された結果であり、「アルコールへの嗜癖の根は、スピリチュアルなものをまさに誤解し否定したところにある」と考えたのである。つまり、われわれが信奉する近代合理主義こそがアルコール依存症を生み出している。したがって、「スピリチュアリティ」は回復のための手段ではなく、それ自体大切にすべき目的となる。アディクションからの回復において「スピリチュアリティ」がなぜ必要なのかを理解するうえで重要な視点がここに示されている。

5　ナラティヴ・コミュニティ

以上、筆者が影響を受けた四つの研究を紹介したが、最後にナラティヴ・アプローチの視点から筆者がおこなった考察についてもふれておきたい。それは、ＡＡによって生み出され多くの治療的場面でも採り入れられてきた「言いっぱなし聞きっぱなし」のミーティング、および、それによって成り立つ自助グループの社会学的意味についてである。

ＡＡの「言いっぱなし聞きっぱなし」の方式を最初に知ったときに違和感を覚えるひとは少なくない。自助グループというと、お互いに励ましあい支えあい学びあうといった場面が想像されがちだが、この方式ではそうした通常の会話や応答が禁じられているからである。なぜ禁じられているのか。それは、通常の会話では、励ましあいや支えあいや学びあいが生ずる可能性がある一方で、非難や軽蔑や無視をもたらす可能性があるからである。つまり、通常の会話にはかならず、その語り手に対するなんらかの評価が伴っており、そうした評価と査定の視線を意識することで語りに一定の枠がはめられていく。「言いっぱなし聞きっぱなし」のルールは、通常の応答を禁ずることでこの枠を取り払い、「評価と査定のない空間」を作り出すことに成功した。(7) こうした中で、「自由な語り」が生み出され、「いまだ語られることがなかった物語」が語られる可能性が広がるのである。

自助グループは、このような「自由な語り」、「いまだ語られることがなかった物語」を生み出す共同体である。同時にそれは、そうした「語り」なしには成り立たず、「語り」がグループを維持している。この意味で、自助グループは「語りの共同体」と呼ぶことができる。さらに、自助グループにはもうひとつの重要な側面がある。それはグループが共有している独特の「物語」の存在である。AAには「12のステップ」という規範的な回復の物語がある。また、それぞれのグループにはそれぞれの来歴に関する物語がある。誰がどのようにグループを作ったのか、その後どんな紆余曲折を経ていまに至るのかといった来歴の物語である。つまり、それぞれのグループには回復の物語と来歴の物語の二つがあって、それがグループのアイデンティティの基礎となっている。この意味で、自助グループは「物語の共同体」と呼ぶことができる。

「語りの共同体」と「物語の共同体」、この二つは密接に関わりあっている。それぞれの「語り」が「物語」を補強すると同時に、「物語」の存在が「語り」に一定の方向性を与え共同性を与えている。この「語り」と「物語」の連続性と相互補完性を表す言葉が「ナラティヴ」にほかならない。グループやミーティングの場は「語りの共同体」であると同時に、「物語の共同体」でもある。すなわち、それは「ナラティヴ・コミュニティ」として成り立っている。(7)

おわりに

以上、筆者が影響を受けてきた四つの研究と筆者自身の考察を紹介した。四つの研究に共通するのは、「コントロール規範」、「再帰性」、「ジェンダー規範」、「近代合理主義」といった近代社会の根本原理がアディクションを生み出しているという認識である。アディクションは一般には近代社会の規範や原理からの逸脱とみなされる。その際、近代社会の原理や規範はそれ自体正しいものとされ、問題なのはそれに従えない個人ということになる。しかし、これら四つの研究が示しているのは、近代社会の原理や規範に問題がありそれがアディクションを生み出している可能性である。この場合、近代社会において当然とされてきた原理や規範を再検討する必要が出てくる。

さらに、筆者が関わってきたナラティヴ・アプローチの視点からは、アディクションからの回復は自助グループ等の「ナラティヴ・コミュニティ」における新たな物語の生成によって果たされるといえる。社会の原理や規範に問題があるのなら、それに代わる新しい原理や規範を打ち立てなければならない。それにはなんらかのグループの存在が不可欠である。世間に流通する強固なドミナントストーリーに対抗して新たなオルタナティブストーリーを育てるにはグループの支えが必要だからである。新しい物語はグループの中に宿る。こうしてわれわれは「解放の物語」とともに「共同の物語」を手に入れることができる[8]。アディクションとそれからの回復はこのように社会学的に理解することができる。

〔参考文献〕

（1）Bateson, G.: The Cybernetics of "Self": A Theory of Alcoholism. *Psychiatry*, 34: 1–18, 1971.（佐藤良明・高橋和久訳『精神の生態学（下）』思索社、一九八七年／佐藤良明訳『精神の生態学へ（中）』岩波文庫、二〇二三年）

（2）AA日本ゼネラルサービス「AA12のステップ」（https://aajapan.org/12steps/）

（3）Giddens, A.: *The Transformation of Intimacy: Sexuality, Love & Eroticism in Modern Societies*, Stanford University Press, 1992.（松尾精文・松川昭子訳『親密性の変容』而立書房、一九九五年）

（4）White, M. & Epston, D.: *Narrative Means to Therapeutic Ends*, W. W. Norton, 1990.（小森康永訳『物語としての家族』金剛出版、一九九二年／新訳版、二〇一七年）

（5）White, C., & Denborough, D. eds.: *Introducing Narrative Therapy: A Collection of Practice-based Writings*, Dulwich Centre Publications, 1998.（小森康永監訳『ナラティヴ・セラピーの実践』金剛出版、二〇〇〇年）

（6）Kurtz, E.: *Not God: A History of Alcoholics Anonymous*, Hazelden Betty Ford Foundation, 1979.（葛西賢太・岡崎直人・菅仁美訳『アルコホーリクス・アノニマスの歴史―酒を手ばなした人びとをむすぶ』明石書店、二〇二〇年）

（7）野口裕二『物語としてのケア―ナラティヴ・アプローチの世界へ』医学書院、二〇〇二年。

（8）野口裕二『ナラティヴと共同性―自助グループ・当事者研究・オープンダイアローグ』青土社、二〇一八年。

補論2　オープンダイアローグとアディクション

アディクションとオープンダイアローグを比較するとき見えてくるのは、グループとネットワークの違いである。アディクションでは自助グループなどのグループが大きな役割を果たすのに対し、オープンダイアローグではネットワークミーティングという形でネットワークが大きな役割を果たす。オープンダイアローグはアディクション領域でこれまであまり重視されてこなかったネットワークのもつ臨床的意義について注意を向けさせる。では、アディクションにおいてネットワークはこれまでどのように扱われてきたのか。また、それは今後どのように変わる可能性があるのか。これらの点を検討しながら、アディクションにおけるグループとネットワークの意義について考察する。

1　アディクションとオープンダイアローグの違い

アディクションとオープンダイアローグを比較すると重要な違いが見えてくる。それはどこで回復していくのかという点である。アディクションからの回復は、同じ問題を抱えるひとびとが集まる自助グループという場が大きな役割を果たす。また、院内ミーティングや外来ミーティングにおいても患者同士の交流が中心になる。一方、オープンダイアローグでは、患者、家族、友人、同僚、専門家などが一堂に会しておこなうミーティングの場、すなわち、患者のソーシャルネットワークのなかで回復していく。アディクションは自分のネットワークとは別のところにグループを作って回復していくのに対して、オープンダイアローグは自分のネットワークのなかで回復していく(1)(2)。

この違いの背景には、アディクションと統合失調症という病気の違いがある。アディクションにおいては、ネットワークは患者の嗜癖行動を支えるイネイブラーとしてとらえられ、ネットワークによるそれまでの不適切な支援を断ち切って、問題を本人に返すことが重視される。これに対して、統合失調症を中心に発展してきたオープンダイアローグでは、患者や家族のネットワークからの疎外や孤立が問題視され、患者を取り巻く身近なひとびとが集まって対話を続け、ネットワークを構築し強化することが重視される(3)。前者では、「愛の鞭」(tough love)による直面化が重視されるのに対し、後者ではミーティングの場に文字どおり「愛」(love)の感覚が生まれることが重視されるのも興味深い点である(1)(2)(4)。

グループとネットワーク、これらはそれぞれ回復を支える重要な要素となっている。では、アディクションにおいてネットワークは距離を置くべき存在としてのみ考えればよいのだろうか。実はかつて米国でネットワークを重視する「ネットワークセラピー」という実践があり、日本でもアディクションの領域でこの言葉が使われて実践されていたことがあった。これらの実践においてネットワークはどのように位置づけられていたのかを次に検討しよう。

2　ネットワークセラピーとネットワークの機能

ネットワークセラピーは、一九六〇年代後半から一九八〇年代の米国において統合失調症を主な対象として実践された家族療法の方法である。それまでの家族療法とは異なり、家族だけでなく親族、近隣、友人などネットワークメンバー全体を集めてミーティングをおこない、ネットワークの絆を強化して問題を改善する点に特徴があった。そこには、ネットワークの衰退や希薄化が精神病の発生や維持と深く関係しているという認識があり、ネットワーク内のコミュニケーションを活発にし、秘密や対立をなくし、信頼とオープンな状態を作って、緊密で親密なネットワークを作ることで精神病を改善していった[5]。ただし、この方法には、ネットワーク全体を集めると数十人規模になり実施に手間がかかるという難点があり、また、そうした大人数のミーティングをうまく運営するにはセラピストにかなりの力量が要求されるという問題もあった。

一方、一九八〇年代後半の日本で、アルコール依存症地域医療の新たな方法として、「ネットワークセラピー」が提唱された。[6] それは、従来の入院中心の医療体制とは異なり、保健所の酒害相談ミーティングを中心にして、本人や家族と病院や福祉事務所などの関係機関との連携をはかる方式であり、地域ネットワークによる医療体制という特徴をもっていた。これにより、入院につながらずに困っている家族に対する支援がしやすくなるとともに、退院後の本人や家族のフォローアップがしやすくなるという利点もあった。また、家族をもたない単身のアルコール依存症者には家族介入ができなかったが、この方式により、本人をとりまく関係機関の専門家を家族に準ずる存在とみなすことで家族介入に近い方法をとることも可能になった。

そして、一九九〇年代にフィンランドでオープンダイアローグが生まれた。オープンダイアローグはその最初の本の題名に示されているとおり、「ソーシャルネットワークにおける対話的ミーティング」[7]をおこなう点に大きな特徴がある。このソーシャルネットワークを重視する視点は、米国で生まれたネットワークセラピーから大きな影響を受けており、「北欧におけるネットワークセラピー」という言い方もされていた。[8] ただし、米国のネットワークセラピーをそのまま輸入したのではなく、いくつかの点で大きな変更が加えられた。第一は、数十人規模で行われて実施に手間がかかるという難点を避けて、主要なネットワークメンバーに限定して実施しやすくし、人数よりも継続性を重視した点である。第二は、多くの関係機関が関わりながら相互の連携が弱いという北欧の福祉国家特有の問題を克服するため、関係する機関の専門家をミーティングに招くことが推進され、本人のいないところで何かを決定する専門家だけのミーティングをやめた点である。第三に、ネットワークは「介入の対象」ではなく、本人や家族を支えるための「かけがえのない資源」として位置付け直された点である。こうして、「ソーシャルネットワークにおける対話的ミーティング」というユニークな方法が生まれた。

以上、米国、日本、北欧の三つの「ネットワークセラピー」を紹介したが、これらはそれぞれネットワークのもつ異なる側面、異なる機能に焦点を当てている。これら三つのモデルにアディクションモデルを加えて、四つのモデルがそれぞれ重視するネットワークの機能は次のように整理することができる。

①イネイブラーとしてのネットワーク（アディクションモデル）
②介入対象としてのネットワーク（米国のネットワークセラピー）
③機関連携としてのネットワーク（日本のネットワークセラピー）
④援助資源としてのネットワーク（オープンダイアローグ）

ネットワークにはこのように多様な側面がある。では、アディクション臨床は、今後、これらの側面に対してどう向き合っていけばよいのか。この問題を、近年アディクション臨床の領域で生じている新しい動きを参照しながら考えてみよう。

3　近年の新しい動き

「直面化」から「協働」へ

成瀬[9]はその著書の中で、これまでの日本のアルコール依存症治療の問題点を整理して、それにかわる新たな考え方と方法を提案した。そのうちのひとつが、「直面化から共感的なアプローチへ」で、「米国では、治療関係が協働的か否かが治療予後を左右するとされ、治療協働関係の重要性が指摘されている」と述べている。この指摘は、ネットワークに関して直接述べたものではないが、「直面化」は多くの場合「イネイブリングをやめること」とセットでなされることを考えれば、前節で述べた「イネイブラーとしてのネットワーク」という見方からの転換を示すものといえる。

また、「自助グループや回復施設につながることであれ、認知行動療法であれ、その他の治療法であれ、結局は患者が「安心できる居場所」と「信頼できる仲間」ができたときに治療効果が得られる」という指摘も興味深い。自助グループや回復施設で「居場所」や「仲間」が重要であることは理解しやすいが、認知行動療法においてもそれらが重要であるという指摘は刺激的である。「認知行動療法によって改善した患者は必ずしも新しい対処スキルを使っているわけではない」という海外の知見も紹介されている。この指摘が正しいとすれば、グループやネットワークの役割もまた「居場所」や「仲間」や「関係」という観点から再考を迫られることになる。

さらに、次の指摘も重要である。「人の中にあって安心感・安全感を得られるようになった時、アルコールによって気分を変える（酔う）必要はなくなる」。「依存症は健康な「ひと」のなかでこそ回復する。「健康な治療者・支援者」とは、患者に対して陰性感情をもたずに敬意と親しみをもてるひとである。患者に共感できるひとである。信頼関係が築けた時、お互いが癒されお互いが温かい気持ちになれる」。これらの文章は、オープンダイアローグの説明の文章としてもそのまま通用する。特に、最後の「お互いが癒されお互いが温かい気持ちになれる」というところは、オープンダイアローグにおける「愛の具現化[4]」という特徴と見事に重なりあっている。グループとネットワークの役割をこの観点から見直すことができる。

「共依存」と「底つき」の功罪

社会学者の中村[10]はアディクション臨床にかかわるさまざまな専門家にインタビュー調査をおこない、考え方や実践の近年の動向についてまとめている。そのなかで、精神保健福祉士の高澤の次のような言葉を紹介している。「ダルクやセルフヘルプグループにつながる人を増やそうという発想で支援をしていると、グループにつながらない残りの八割九割の人のことはお留守になっているんですね、実をいうと。そしてグループにつながらない人のなかには、集団に身を置くこと自体に困難があったり、グループにつながることでは抱えている問題が解決されない人もいる」。自助グループが回復において大きな成果を上げてきたことは疑いのない事実だが、しかし、それは全体の一割から二割のひとびとに過ぎなかったという事実にわれわれはあらためて向きあう必要がある。

さらに、何人かの専門家へのインタビューのまとめとして次のように述べる。「〈共依存〉や〈底つき〉という言葉は、正しく理解され適切に使われれば、依存症支援に役立つ。だが、これまでの支援の現場では、依存症者を家族や支援者から引き離す方向に使われ過ぎてきたことがわかる。この二つの言葉には、依存症者へのサポートのすべてを断ち切る方向へと、家族や支援者を向かわせてしまう作用があるのだ」。アディクション臨床は「共依存」や「底つき」という概念をその中心に位置づけて発展してきた。しかし、それは常に適切に使われてきたわけではなく、たとえば、「底をつくまでは何も変わらない」といったかたちで支援をしないことの正当化にも使われてきた。「底つき」という概念がネットワークからもグループからも疎外された状態を正当化してきたことをあらためて考え直す必要がある。

4　反省点と今後の方向性

以上の新しい動きはこれまでのアディクション臨床に含まれていた問題点とその乗り越えの方向性を示している。筆者自身これらの動きから次のような反省点を見出した。

①「イネイブラー」、「共依存」、「底つき」などの概念がネットワークのもつ負の側面を強調しすぎてきたのではないか。

②自助グループの有効性が、そこにつながれない多数のひとびとの存在を視野の外に置かせてきたのではないか。

③アディクション特有の概念やモデルに独自の専門性の根拠を見出して、ネットワークのもつ重要性を見過ごしてきたのではないか。

④AAが生み出した「底つきからの回復」という物語に独特のロマンを感じて美化しすぎてきたのではないか。

そして、これらの反省点をふまえて、あらためてアディクション臨床におけるグループとネットワークの意義について考えると次のような方向性が見えてくる。それは、グループであれネットワークであれ、大切なのは、成瀬が指摘する「安心できる居場所」と「信頼できる仲間」、そして、「お互いが癒されお互いが温かい気持ちになれる関係」が存在することではないかということである。従来、「居場所」や「仲間」や「関係」はもっぱらグループに求められネットワークに期待されることは少なかった。しかし、オープンダイアローグが明確に示してくれたのはネットワークがこのような場になりうること、そしてそれが回復にとって「かけがえのない資源」となることであった。このように考えると、オープンダイアローグは、ネットワークをそうした「居場所」や「仲間」や「関係」に変えるためのきわめてすぐれた方法であるといえる。また、自助グループは、ネットワークとは別のところにそうした「居場所」や「仲間」や「関係」を作ることのできる貴重な場であるといえる。

アディクション臨床は、自助グループが生み出した概念を活用しながら独自の理論と実践を発展させてきた。一方で、そうした理論と実践は自助グループがもつ限界をそのまま引き継いでおり、自助グループにつながらない多くの人々に対する有効な理論と実践を見出せずにきた。しかし、いま、オープンダイアローグやその他の新たな動きがそうした限界を乗り越える方向性を示している。それは、これまでのようにグループにすべてを期待するのではなく、ネットワークのもつ力にも期待する方向性である。グループとネットワークはともに、われわれにとって大切な「居場所」や「仲間」や「関係」を生み出す貴重な場として位置づけることができる。

〔参考文献〕

（1）野口裕二「ナラティヴとオープンダイアローグ―アディクションへの示唆」『アディクションと家族』三〇巻二号、一〇四―一〇九頁、二〇一五年。

（2）野口裕二『ナラティヴと共同性―自助グループ・当事者研究・オープンダイアローグ』青土社、二〇一八年。

（3）Seikkula, J. & Olson, M. E.: The Open Dialogue Approach to Acute Psychosis: Its Poetics and Micropolitics. *Family Process*, 2003; 42 (3): 403-418.（斎藤環著訳『オープンダイアローグとは何か』医学書院、二〇一五年）

（4）Seikkula, J. & Trimble, D.: Healing Elements of Therapeutic Conversation: Dialogue as an Embodiment of Love. *Family Process*, 2005; 44 (4): 461-475.（斎藤環著訳『オープンダイアローグとは何か』医学書院、二〇一五年）

（5）Speck, R. V. & Rueveni, U.: Network Therapy—A Developing Concept. *Family Process*, 1969; 8 (2): 182-191.

（6）斎藤学『ネットワーク・セラピー―アルコール依存症からの脱出』彩古書房、一九八五年。

（7）Seikkula, J. & Arnkil, T. E.: *Dialogical Meetings in Social Networks*. Karnac Books, 2006.（高木俊介・岡田愛訳『オープンダイアローグ』日本評論社、二〇一六年）

（8）Seikkula, J., Arnkil, T. E., & Eriksson, E.: Postmodern Society and Social Networks: Open and Anticipation Dialogues in Network Meetings. *Family Process*, 2003; 42 (2): 185-203.

（9）成瀬暢也『アルコール依存症治療革命』中外医学社、二〇一七年。

（10）中村英代『依存症と回復、そして資本主義』光文社新書、二〇二二年。

補論3　ＡＡとスピリチュアリティ

大学の授業でＡＡ（アルコホーリクス・アノニマス）を取り上げて「12のステップ[1]」を紹介すると、学生からはたいてい次のような反応が返ってくる。「想像していたのと違ってとても宗教臭い」、「宗教臭くてなじめない」というものである。「神」という言葉が何度も出てくるのだから当然の反応といえる。「自分なりに理解した神」と留保をつけても、普段、「神」という言葉をほとんど使わないひとにとっては違和感が伴う。さらに、「スピリチュアル」＝「霊的」という言葉がＡＡにおいて重要であることを紹介すると不信感はますますつのる。前者は何かの「占い」を連想させ、後者は「心霊現象」や「オカルト」を連想させる。いずれにせよ、怪しげな雰囲気が漂ってしまう。こうした違和感を抱えながらも、学生たちは、アルコール依存症をはじめとするアディクション領域において自助グループが不可欠の存在であり大きな役割を果たしてきたことを学んでいく。

この違和感は程度の差こそあれ多くのひとがもっているのではないだろうか。臨床の場でＡＡへの参加を勧める専門家も、なぜ、「神」や「霊的なもの」が重要なのかをうまく説明できるひとは少ないように思われる。多くの場合、そこはうまく説明できないけれど、とにかく、ＡＡに通うことで回復していくひとが多く、通わないと失敗するひとが多いという経験的なエビデンスによって納得しているのではないだろうか。私自身も、こうした経験的エビデンスに頼りつつ、さらに、次のような説明を加える形で学生に説明してきた。ステップ１の「アルコールに対して無力」という認識に立てば必然的にステップ２の「自分を超えた大きな力」（＝神）に辿り着くことになるという説明である。この説明で一応わかったような気になるのだが、何か不十分な感じも拭えない。こうしたなかで、この問題を考えるうえで大いに参考になる本が出版された。

アーネスト・カーツ著『アルコホーリクス・アノニマスの歴史』(2)である。原著は一九七九年に出版され、この領域では評価の高い本だったがなにぶん大部であり翻訳がなかった。その翻訳が昨年ついに出版されたのである。訳者の方々のご尽力に心から敬意を表したい。訳書の頁数は詳細な註なども含めて六〇〇頁を超えている。第一部ではＡＡの歴史が詳細に辿られ、第二部ではＡＡの歴史的思想史的背景やその意味と意義が論じられている。この本を読む中で、前述の疑問、すなわち、「神」や「霊的なもの」をどうとらえればよいかについての理解が深まった。以下、私なりに学んだ点をいくつか紹介してみたい。

まず第一に注目したいのは、「ＡＡは宗教的というより霊的」という言葉である。ＡＡの創始者たちは、キリスト教の教会や神学には失望していたが、「霊的なものには効き目がある」と考え、「ＡＡのプログラムは宗教なしでよく効く」と言われていたという。ここで重要なのは、「宗教的」と「霊的」が対立的にとらえられている点である。われわれ多くの日本人にとっては「宗教的」と「霊的」は似たようなものに感じられるが、キリスト教の影響の強いアメリカ社会においては、この二つは異なるものとして認識される。というよりもむしろ、ＡＡは「宗教」ではないと主張するために「霊的」という言葉を使った。そして、「自分なりに理解した神」という表現で、どのような宗教を信仰するひとでも参加可能であることが主張される。ＡＡは宗教ではないので、どのような宗教とも共存できるということになる。

さらにここで「霊的」という言葉が使われている背景には、「心理学的」ではないという含意もあったという。二〇世紀半ばのアメリカでは、「啓示による宗教から道徳を説く心理学へと社会的権威が移行」した。しかし、その心理学および心理療法はアルコール依存症者を助けることができず、むしろ、彼らを「さらに悲惨な自己憐憫の苦しみ」に追い込んだ。心理学者たちは、彼らの「未成熟」を「口唇期への固着」と断じながらそれを減じることができなかったからである。つまり、当時のアメリカでアルコール依存症者が頼ることのできた二つの主要な選択肢である「宗教」と「心理学」はどちらもアルコール依存症者を救うことができなかった。そして、この二つとは異なる第三の道を示すのが「霊的」という言葉だったといえる。しかも、この「霊的」という言葉は特別の言葉ではなく、アメリカ社会においては日常的に使われる「平易な言葉」だったのである。

第二に注目したいのは、こうして使われるようになった「霊的」という言葉のもつ響きについてである。「宗教」と「心理学」に対置される形で主張されたことはわかったが、それにしても、「霊的」という言葉には前近代的で非科学的な響きが伴う。「宗教的」を「霊的」と言い換えてみても、冒頭に述べた学生のとまどいは変わらないばかりか、むしろ強まるだけであろう。要するに、非科学的で非合理的なものにしか見えないからである。しかし、AAは、まさにその点を問題にした。「霊的なもの」を非科学的で非合理的なものとして否定し排除する思想こそがアルコール依存症を生み出していると考えた。アルコール依存症は「完全な合理化とコントロールへの欲求」に支配された結果であり、「アルコールへの嗜癖の根は、霊的なものをまさに誤解し否定したところにある」と考えたのである。

ところで、この認識は、ベイトソンがAAについて示した認識と近い。ベイトソンは、「世間によって強化され続けている自分自身の狂った前提」という表現でこのことを論じた。[3]「ひとは酒をコントロールできるしすべきである」という「狂った前提」である。この前提に立つ限り、ひとは何度失敗しても酒のコントロールという課題にチャレンジせざるをえず、結果として依存を深めていく。この前提を破棄し、「アルコールに対して無力であることを認めること」、すなわち、「降伏」を宣言することが「12のステップ」の重要な意義であるとベイトソンは述べた。「合理化とコントロール」を信奉するからこそ「霊的」は非合理的に見える。「霊的」を否定し排除することで「合理化とコントロール」への信奉が成り立っていることに気づいたのである。つまり、われわれが「霊的」という言葉に感じる違和感の正体は、われわれが近代合理主義に囚われていることの証しだったといえる。

第三に注目したいのは、「12のステップ」において「神」と対峙するのが「私」ではなく「私たち」であるという点である。「神」と「私」との関係であるならば、それは宗教や信仰と区別がつかないが、「私たち」である点でこれがひとつのプログラムであることが示される。そして、なぜ「私たち」なのかといえば、ひとは「神ならざる存在」だからである。「神ならざる存在であるがゆえに他者を求めることが欠かせない」。他者との関わりのなかでお互いに何かを与え何かを受け取ること、そうした「相互性」が人間にとって不可欠であるという認識がそこにある。そして、こうした認識の背景には、ＡＡの創始者であるビルとボブの伝説的な出会いの物語があった。それは、同じ問題に苦しむひとに自分の物語を伝えること、そして、同じ問題に苦しむひとの物語を聴くことが、アルコール依存症からの回復にとって決定的な意味をもつことに気づいた瞬間だったからである。

「神ならざる存在」、この言葉はとても重要な意味をもっており、実はこの本の原題『Not God』にもなっている。「神」の存在を認めることは、人間が「神」ではないことを認めることを意味する。「神」ではないにもかかわらず「神」のように振舞おうとした結果がアルコール依存症なのだとAAは考える。そして、「神」でないことを忘れずに生きるための工夫として、アノニミティ（匿名性）や、フェローシップ（仲間との交流）や、ミーティングにおける「相互性」といった独特のルールが考案された。ひとは「神ならざる存在」であるがゆえに「私たち」であることを必要とする。問題にひとりで立ち向かうのではなく仲間とともに立ち向かう。「神」の存在がAAというグループの存在を支えているといえる。

以上、三点にわたって私がこの本から学んだ点を紹介してきた。AAは日本人にとっては宗教的に見えるが、アメリカ人にとってはそれほど宗教的ではない。特定の教義をもたず、どんな宗教を信仰しているひとでも参加できるのだから、それは確かに宗教ではない。しかし、「神」を大切にし、人間の「霊的」な側面を大切にする点で宗教的である。そう、AAは宗教ではないが宗教的である。さまざまな宗教に共通する性質である、「神」の存在を信じ人間の「霊的」な側面を大切にするという点をAAは純粋に取り出して形にすることに成功した。こうして、宗教ではないが宗教的な、宗教的でありながら宗教ではない、ユニークな集団が生まれた。そして、それがアルコール依存症からの回復においてかつてない成果をあげたことで注目された。この事実が示しているのは、カーツが指摘するとおり、近代の啓蒙主義や合理主義が称揚する人間像の限界にほかならない。「神」や「霊的なもの」を切り捨てて、すべてを合理的にコントロールできると考えることの限界をＡＡはわれわれに教えている。

この本からはほかにも多くのことを学んだが、最後にひとつ、次の言葉を紹介しておきたい。「お互いの弱さが開示される場で分かちあわれる正直さ」という言葉である。ＡＡのミーティングにおける「治療的な力学の本質」としてそれは述べられており、ＡＡのミーティングの意味を見事にとらえているように思われる。「弱さ」の開示と共有が回復において重要な意味をもつことは、近年注目されている「当事者研究」などにおいても強調される点だが、この方法の原点はＡＡにあったことをあらためて確認することができる。さらに、それが「正直さ」とつながっていることも重要である。ＡＡのミーティングをはじめ、さまざまなグループミーティングにおける語りの意味についてはこれまで多くの考察がなされてきたが、「正直さ」という点はこれまであまり強調されてこなかったように思う。「弱さ」と「正直さ」、この二つの要素は人間のスピリチュアルな側面と深く関係しているような気がする。スピリチュアリティとは何かについてあらためて考えてみたいと思う。

〔参考文献〕

（1）ＡＡ日本ゼネラルサービス「ＡＡ12のステップ」（https://aajapan.org/12steps/）
（2）Kurtz, E.: *Not God: A History of Alcoholics Anonymous*, Hazelden Betty Ford Foundation, 1979.（葛西賢太・岡崎直人・菅仁美訳『アルコホーリクス・アノニマスの歴史―酒を手ばなした人びとをむすぶ』明石書店、二〇二〇年）
（3）Bateson, G.: The cybernetics of 'self': A theory of alcoholism. *Psychiatry*, 34, 1-18, 1971.（佐藤良明・高橋和久訳『精神の生態学（下）』思索社、一九八七年／佐藤良明訳『精神の生態学へ（中）』岩波文庫、二〇二三年）

初出一覧

序　章　原書書き下ろし

第1章　「アルコホリズムとスティグマ」現代のエスプリ、二五五号、一六一―一七〇頁、至文堂、一九八八年

第2章　「物質乱用の医療化　medicalizationをめぐって―アルコール乱用の場合」土居健郎・笠原嘉・宮本忠雄・木村敏編「文化・社会の病理」『異常心理学講座』第一〇巻、三〇〇―三一四頁、みすず書房、一九九二年

第3章　「断酒会と家族」現代のエスプリ、二四四号、一〇四―一一二頁、至文堂、一九八七年

第4章　「自助グループの機能」現代のエスプリ、二五五号、二一二―二一九頁、至文堂、一九八八年

第5章　「セルフ・ヘルプ・グループの原点：ＡＡ」こころの科学、二三号、二八―三三頁、日本評論社、一九八九年

第6章　「アルコホリズムの集団精神療法」中沢洋一編『アルコール依存症の治療』精神科ＭＯＯＫ、三〇号、三六―四〇頁、金原出版、一九九四年

第7章　「集団精神療法における対人関係パターンの変化―アルコール外来ミーティングの微視社会学的分析」アルコール医療研究、四巻四号、三三五―三四〇頁、星和書店、一九八七年

第8章　「アルコール依存症と地域ケア」斎藤学・高木敏・小阪憲司編『アルコール依存症の最新治療』三二五―三五〇頁、金剛出版、一九八九年

第9章　「共依存の社会学」こころの科学、五九号、二八―三二頁、日本評論社、一九九五年

第10章　原書書き下ろし
補論1　「アディクションの社会学」アディクションと家族、三七巻二号、一〇六—一一〇頁、日本嗜癖行動学会、二〇二二年
補論2　「グループとネットワーク」日本アルコール関連問題学会雑誌、二五巻一号、七三—七六頁、日本アルコール関連問題学会、二〇二三年
補論3　「AAとスピリチュアリティ」アディクションと家族、三六巻二号、八二—八五頁、日本嗜癖行動学会、二〇二一年

あとがき

今でもときどき思い出す印象的な場面がある。一〇年ほど前、私が研究所に勤務しながら都立M病院のソーシャルワーカーを兼務し、アルコール外来ミーティング（集団療法）に参加していたときのことである。ミーティングを終えて、長い渡り廊下を歩いていると、六〇歳くらいのある患者さん（といっても、外見は七〇歳くらいにみえる）が近づいてきてこう言った。

「ねー、野口さんよ。酒やめて、これから先、何かいいことあるのかね。俺は、酒を好きなだけ飲んで死ねれば本望だよ。」

その患者さんは、少し、いらだっているようでもあり、若い私をからかっているようでもあった。私は、曖昧な笑みをうかべたまま、口ごもってしまった。何と答えてよいのか、正直、わからなかったのである。

アルコール依存症の治療プログラムにおいては、いうまでもなく、断酒が当面の最大の治療目標とされる。その際、「このまま、飲み続けていたら死んじゃうよ。酒をやめて、もう一度人生をやり直そうよ。まだまだ若いんだから死ぬのは早いよ。」という言い方が、よくされる。あるいは、直接、口に出さなくてもこのような考え方が暗黙の了解になっている。断酒の必要性は、こうした理屈によって正当化されるのである。

しかし、よく考えてみれば、「もう若くないひと」にとって、この理屈は通用しない。「どうせ、この先長くないんだから、好きなようにしたい」と言われたとき、何と答えればよいのか。人生の大半を終えた人間の境地というのも本当はよくわからない。当時、アルコール医療の世界に入りたての三〇歳そこそこの若造にとって、この問いはとても重い問いであった。

若さや活動性や社会的達成といった価値に頼ることで治療行為が成り立っている。それを暗黙の前提とすることで、治療の世界が構成されている。この一見、ごく自然で当然と思える世界に生じる深い亀裂を初めて垣間みた、というより、突然、突きつけられた場面であったといえる。

アルコール医療の世界は、このような重い問いに満ちた世界である。家族や仕事を滅茶苦茶に破壊しながら、死と隣り合わせで生きる人々が日々行きかっている。先週まで元気そうだったひとの死亡の知らせが突然入ったりもする。本書は、そうした場面に立ち会うことなしには書くことのできなかったものである。これからも、このリアリティの重みを大切にしながら考え続けていきたいと思っている。

序章でもふれたように、本書は、一九八七年から一九九五年のあいだに書かれ、雑誌や本に発表された論文と、書き下ろしの論文から成っている。既発表の論文については、記述の重複を避けるなどの若干の加筆修正をおこなったが、ほぼ原文のまま再録した。アルコール医療の世界に入りたての頃の文章と今の文章では、文章の密度や視点の置き方に多少のズレがあることは否めない。しかし、このズレは、視点の移動というよりも視点の明確化であったと思っている。読者の方々からの率直なご意見をお聞かせいただければ幸いである。

本書をまとめるにあたり、まず、ふたりの先生にこころからお礼を言わなければならない。ひとりは、私が東京都精神医学総合研究所に勤務していたときの直接の上司であった斎藤学先生（現・家族機能研究所所長）である。先生は、私をアルコール臨床の世界に引き入れてくれたとともに、多くの執筆の機会を与え、また、そのたぐいまれな臨床的センスと社会学的センスでもって、今も、私を刺激し続けてくれている。先生との出会いがなかったら、本書はありえなかったといえる。

もうひとりは、私の大学院時代の恩師である盛山和夫先生（現・東京大学文学部教授）である。先生は、私に社会学の手ほどきをしてくれたとともに、その後、臨床の世界に魅了され社会学の世界から離れかかっていたときに、もう一度、社会学の世界に戻るきっかけを与えてくれた。先生のご助言がなければ、私は、とっくの昔に社会学者ではなくなっていたかもしれない。

また、本書の直接の生みの親である日本評論社編集部の林克行さん、遠藤俊夫さんにも深く感謝しなければならない。林さんは、精神医学・心理学関係のセクションにありながら社会学的な発想と思考に深い理解を示され、私のわがままを聞き入れ、本書の成立を支えてくれた。

そして、三年余の臨床経験のなかで出会ったおそらく数百人にのぼるアルコホリックの方々やその家族の方々、そして、いくつかの病院、保健所、福祉事務所などのスタッフの方々にも、こころからお礼を言わなければならない。彼らとの出会いは、決して偶然ではなく必然であったと思えるほどに、今の私にとってかけがえのない経験となっている。

このほか、多くの人々との出会いが本書を成り立たせている。それらの人々、そして、アルコホリズムやアディクションという現象に関心を寄せるすべての人々にとって、本書が少しでもお役に立てれば幸いである。

一九九五年一一月

野口　裕二

文庫版あとがき

この本が出版されてから早いもので三〇年近くがたった。収録された論文の多くは一九八〇年代の後半に書かれたもので、それに一九九〇年代半ばに書かれたものを加える形で本書は成り立っている。八〇年代後半は研究所に勤務しながらアルコホリズムの臨床研究に従事していた時代、九〇年代半ばは大学に勤務して社会学の理論研究に集中していた時代である。この二つの立場、二つの視点があったからこそ、本書は生まれた。

序章でも述べたように、それまでの日本の社会学におけるアルコホリズム研究は「社会病理学」という領域に分類されていて、それ以外の視点による研究はほとんど見られなかった。しかし、臨床現場に関わっているとそうした視点だけでは不十分であり、より実践を意識した「臨床社会学的研究」が必要になってくる。また、患者や家族だけでなく、医療や福祉のシステムのあり方を検討する「医療社会学的研究」、さらに、社会が「逸脱」をどう定義しどう処理しようとしているのかという「逸脱論的研究」も必要になる。これら三つの視点の必要性を意識しながら書かれたのが八〇年代後半の論文だった。

そして、その後、もうひとつの重要な視点に出会う。ギデンズによって示された「近代社会論的研究」である。理論社会学の重鎮であるギデンズが「共依存」を取り上げて論じたことで、アディクションは突然「近代社会論」の重要な主題のひとつとなった。ギデンズの著書が出版されたのは一九九二年で、その翌年の夏休みにドキドキしながら読み進めたことを懐かしく思い出す。そして、この著書の登場によって、ベイトソンもまた「近代社会論」を論じていたことにあらためて気づかされる。それまではベイトソンの議論をもっぱら実践の指針となる「臨床社会学的研究」として紹介していたが、その「近代批判」の部分に光が当たったのである。そして、この延長線上にAAの思想と実践を詳細に論じたカーツの議論の重要性も見えてくる。

こうして、「近代社会論」という視座を手に入れたことで、『アルコホリズムの社会学――アディクションと近代』という名の本を世に出すことが可能となった。八〇年代後半から九〇年代にかけてのこうした時代の変化のなかで本書は生まれた。ここであらためて思うのは、われわれの仕事がそれぞれの時代に固有の認識枠組にいかに支配されているかということである。私自身、「社会病理学」という枠組から脱出することを試みながら、それが「近代社会論」に着地できるとは夢にも思っていなかった。認識枠組の変化はこのようにしてある日突然やってくる。今回の復刊によって、九〇年代に起きたこうした変化のプロセスをあらためて追体験するとともに、この変化が現代においていかなる意味をもつのかについて考えることができる。そして、今回、新たに加えた補論によって、いま生じつつある変化についても考えることができるはずである。

ここで、原書のあとがきに書いた疑問についてふれておこう。高齢の患者さんから、「どうせ、この先長くないのだから好きなように飲んで死にたい」と言われたときにどう答えればよいのかという疑問である。原書のあとがきでは、答えを持ち合わせておらず、その後、何人かの読者の方から「あの答えは見つかりましたか?」と問われ、そのたびに「まだ見つかりません」と答えていた。しかし、いまは、いくつかの答えらしきものを思いつくことができる。

そのひとつは、「無知の姿勢」である。何か気の利いたことを言おうとするのではなく、患者さんの生きる世界をもっと詳しく患者さんから教えてもらえばよい。そうした対話を重ねるなかで何かが見えてくるかもしれない。もうひとつは、「対話的関係」である。対話によってたとえ何かが見えてこない場合でも、患者さんとの間に「対話的関係」を作ることはできる。正解は見つからなくても、ともに悩み気遣う関係を作ることはできる。「問題」をひとりで背負うのではなく、ともに背負う関係を作ること、自助グループとソーシャルネットワークがともにこうした関係を育む場となりうることを補論で示した。このように考えると、専門家は患者に正解を示して導かなければならないという強迫観念こそが改められなければならないことに気づく。この三〇年の間に生じた認識論的な変化によって、いまならこのような答えを用意することができる。

本書は、筑摩書房編集部の行本篤生さんのご提案によって生まれた。最初にお話をいただいたときは、発行から三〇年近くたった本書が現代においてはたして意味をもつのか自信がもてず、すぐにはお返事ができなかった。しかし、ここ数年の間に書いたものがいくつかあり、それを増補すればなんとか現代にアップデートできそうな気がしてきた。絶版となっていた本書に新たな命を吹き込んでくださった行本さんに心から感謝したい。そして、解説を書いてくださった信田さよ子さんにも感謝申し上げたい。信田さんとは私がこの世界に飛び込んだ頃からの古いおつきあいであり、今回このようなかたちでご一緒できたことを大変うれしく思う。

最後に、用語について補足しておきたい。用語や表記については可能な限り統一をはかったが、あえて統一しなかった用語がある。ひとつは、「セルフヘルプ・グループ」と「自助グループ」である。原書では前者を使い、補論では後者を使っている。かつてはとくに研究者の間では「セルフヘルプ・グループ」という用語が一般的だったが、最近では「自助グループ」という用語が一般的になってきた。どちらかに統一することも考えたが、どちらかに統一するともう一方の時代の空気感が損なわれてしまう。そうした時代の空気を伝えるのも本書の役割のひとつと考え、あえて統一しないことにした。

もうひとつは、「アルコホリック」と「アルコホーリク」である。原書では前者を使い、補論では後者を使っている。これももともと、研究者や専門家の間では前者が一般的で、後者はＡＡの関係者の間で使われてきた。今回、補論ではカーツの翻訳を引用したためその訳書の表記をそのまま用いることにした。また、これに関連して、ＡＡの12のステップの訳文も原書で引用したかつてのものと補論で引用した現在のものとでは訳語が微妙に異なっているが、これも統一せずにそのまま用いることとした。ご理解いただければ幸いである。

二〇二四年九月

野口　裕二

解説

信田さよ子

はじめに

本書は、私にとってバイブルのような存在である。

一九七〇年代からずっとアルコール依存症にかかわり、その経験にもとづいてアディクション全般にカウンセリング対象を拡大してきた。さらにアメリカでアディクション援助の世界が生み出したさまざまな言葉（アダルト・チルドレンや共依存など）に軸足を置きながら、家族と家族の暴力の問題をターゲットにしてきた。

そんな私の分岐点は一九九五年にあった。現在まで続くカウンセリング機関を開設したのである。本書が刊行されたのが一九九六年三月、そして三か月後の一九九六年六月に私の最初の単著が刊行された。このように私の分岐点と本書の刊行は同時期であり、さまざまな点で重なっているのだ。

その後、本書の内容に導かれるように、時には守られながら私は歩んできた。私のカウンセラーとしての軌跡は本書と密接に絡まり合っているので、解説しようとすると、どうしても私の歩みを述べることになってしまう。したがってよくあるような距離を取って概観するような解説ではないことを最初におことわりしておきたい。

アディクションアプローチ

ふりかえればもう三十年近く前になるが、一九九五年、それまでの職場を辞めて、心理職とソーシャルワーカーのスタッフ十一人（全員女性）とともに開業心理相談機関を立ち上げた。

十二月も半ばのよく晴れた日に、勢い込んで原宿の片隅でスタートしたことをよく覚えている。当時の私の頭には楽天的な未来像しかなかった。うまくいくに違いないという妄信が私を包んでいた。そんな私の試みが、どれほど無謀でどれほど危ういものだったかをやがて知ることになる。

なにしろ私たちの土台を支えていたのは、クライエント（来談者）から支払われるカウンセリング料金だ。それが途絶えればたちまち命運が尽きてしまうという冷酷な事実に気づいたのは、すでに走り出してからだった。迂闊でどこか間が抜けていたと思うしかない。

それからの私は日々のカウンセリング業務を誠実に遂行し、新規のクライエントを獲得するために本を書き、講演活動にも励んだ。それだけでも大変だったが、何より私が焦っていたのは、当時国家資格ではなかった心理職の私たちが「開業」して相談料をクライエントからいただくことの根拠を示すことだった。医師でもなく、公務員でもない私たちが、商品を売るわけでもないのに、カウンセリング料金（当時の保険診療の十倍近い）を支払ってもらえるのはなぜか。その根拠を持たなければならない。そうでなければ精神科医の診療とまったく違う援助をしていることが理解されないと思った。

まず名前を付けなければならなかった。名前がなければ存在しないからだ。こうしてアディクションアプローチが誕生した（『アディクションアプローチ——もうひとつの家族援助論』医学書院、一九九九）。

一九七〇年代から二十年余りのアルコール依存症とのかかわりが、カウンセリングセンターの出発の基本となっている。簡単に言えば、アディクションアプローチとは、医療モデルと公的援助（行政）モデルの隙間（ニッチ）に位置する援助だ。それを根拠づける援助論の構築こそが喫緊の課題だった。精神科医の誰かが同じような問題意識から本を書いてしまわないうちに私が書かなければならない、そう思った私は焦っていた。

アルコホリズムと医療化

本書のタイトルにあるアルコホリズムは重要なキーワードである。

アルコール依存症ではなくアルコホリズムという視点からとらえること、これはとても大きなポイントなのだ。一般の人たちにとって、二つの違いはそれほど大きな意味を持たないかもしれないので詳しく説明する。

アルコール依存症はひとつの病名である。そのように診断された人は病気であることを意味する。私たち開業心理相談機関は医療機関ではない。したがって病気の治療はできないし、してはならない。なぜなら疾病の治療という医行為は医師にしかできないし、薬の処方や入退院の決定も医師の専権である。実は現在でもこのことはよく知られていないので、カウンセリング機関と外来クリニックとの違いを知らない人が多い。

一般的に言われるのは、カウンセリングは高い、クリニックは安いという評価だ。そんな単純なお金の問題ではない。クリニックを気軽に受診したとしても、それは疾病を治療する（される）機関なのだ。そこでの援助を医療モデルと呼ぶが、それは基本的に主観・客観の二項対立を内包しており、病気の人を治療する（される）ことから成り立っている。日本では国民皆保険制度によって安価な治療を受けることができるので、援助そのものが医療に包摂されてしまっていることに気づかない。不登校すら時には精神科を受診することも珍しくない。このように社会の隅々にまで医療の網が張り巡らされていくことを「社会の医療化」と呼ぶ。

健康保険証を呈示してから始まる保険診療の一環は、あくまで疾病治療を中心としている。いくら精神科医が「僕は病気扱いしないんです」と言っても、診療報酬が発生している以上それは制度的には「疾病を治療している」ことになる。多くの精神科医たちが、現行の保険制度の限界を誰よりも感じるがために、新しいアプローチを取り入れたり脱医療を唱えたりするが、投薬治療という特権は手放さなかったりする。そこに一種の欺瞞を見るのは私だけではないだろう。非医療モデルの援助は、医師以外の職種でしか実現できないとつくづく思わされる。

その本体は何か

本書では、アルコールを飲んで逸脱していく人たちがどのように扱われてきたかが明確に記されている。飲んで困った状態に陥る人たちが、それによって家族や共同体から逸脱する人たちが、いつから、どのようにして、なぜ「病気」とされたのか。この点はもっとも私が影響を受けた部分だ。大酒飲みが、病気になることの意味と背景を知ることで、どのように病が社会的に構成されていくかがわかる。このような社会構成主義的視点が、本書全体を貫いている。それにも大きな影響を受けている。

アルコホリズムは「アルコール主義」と訳されているが、三十年経った今、改めてその意味を確認している。

六〇歳を目前にした夫との問題で困っている女性を例にとろう。

大企業管理職の夫は収入もそこそこあるが、妻である彼女を誉めるどころか貶めて批判するのが日常だった。二五歳になった娘は中学時代に母親に対して暴力をふるい、その後家を出て就職をした。夫は結婚してからずっと帰宅後も休日も酒を飲んでおり、それが当たり前だと思っていた。

職場の健診が発端で夫に食道がんが発覚、手術を受けた。医師はアルコールは飲まないほうがいいと言ったが、退院して一か月の断酒後、夫は飲酒を再開した。彼女は飲酒をやめるように毎日伝えたが、夫は平然と飲酒を繰り返し、術後一年を経て、酒量はすっかり手術前にもどってしまった。

その女性は不思議でたまらなかった。なぜ夫が飲酒するのかが。

「自分の命がかかっているのに、どうして酒を飲むんでしょう」

そう尋ねられたとき、私の頭に浮かんだ言葉が本書のタイトルにも登場するアルコホリズムだった。がんの再発など眼中にない行動は、まさにアルコール主義としか言いようがない。彼の世界はアルコールを中心に回っている。自分の命はアルコールの次くらいの位置しか占めていないのだと。

そのような価値観は、妻からも、一般の人からも理解できないだろう。それをなんと表現すればいいのか。価値観の歪みなのか狂いなのか、どう表現すればいいのだろう。まるで時空が歪むように、彼の世界を形成している秩序は「アルコールを中心として」いるとしか言いようがない。それこそアルコホリズム「アルコール主義」だ。カウンセリングで出会った多くのアルコール依存症者たちが、命よりも酒を飲むことを優先しながら死んでいったことを思い出す。

アルコール依存症という「病気」の本体はこのような価値観・世界観の歪みにあるとすれば、明らかな病気（統合失調症やうつ病など）よりもはるかに逸脱行為に近いではないか。現在でもアディクションは疾病かどうかは明確ではない。もちろん医療機関では疾病として扱われており、専門医や医療機関も存在する。しかし本書を読めば、そのような医療化がどのようにして構成されてきたかという歴史が見えてくる。

近代的自己とアディクション

歴史的構成主義的視点に加えて、本書のもうひとつの特徴は、近代社会論的アプローチにある。アンソニー・ギデンズの論考などを紹介しながら、「近代的自己」とアディクションの関連を述べる部分は、まさに本書の白眉である。何より衝撃だったのは、「近代の自己というフィクション」という表現だった。そのフレーズを目にしたとき、何かに打たれたような思いがしたことを思い出す。アディクションの構造が一気に明晰になり、それまで説明できなかったことが言葉にできると思った。そこから思考を巡らせて書いたのが『依存症』（文春新書、二〇〇〇）だった。

依存症＝病気という視点ではなく、今を一生懸命に生きる人たちに向けて書くことができると思った。私たちがどれほど「自己」というものにとらわれているのか、その結果おちいるパラドックスや反復はアディクションを亢進する。それまで耳慣れなかった再帰性という言葉が、じつにリアルに理解できる思いだった。第10章は本書を基礎づける著者からの問いかけであろう。それは「トラウマ」という生物学的で神経学的な視点が投入されることで、アディクションとトラウマを関連させる援助方法がさまざまに発信されるようになった現在でも変わらないと思う。

アディクションカルチャー

よくも悪くも、日本ではアメリカ由来のアディクション援助法が流行しがちだ。その傾向は二一世紀になってますます強くなった気がする。方法論の投入とプログラム化が進むことで、現場では多くの人が「そのとおりに」実践すれば一定程度のアディクション援助ができるようにはなった。それは援助の品質保証という点では歓迎すべきことかもしれないが、私には何かがやせ細ったかのように思えるのだ。

犯罪なのか病気なのか、それとも単なる逸脱なのか。端的に裁断できない多面性と複雑性に満ちたアディクションは、精神科医療の中でも辺境に位置したままだ。新しくできた心理職の国家資格である公認心理師においても、アディクションはメインの対象ではない。

一九七〇年代から、アルコール依存症にかかわる人たちには妙な連帯感があった。医師でもソーシャルワーカーでも看護師でも、アルコール業界という名前がつくほど職域を超えた独特なつながりがあった。一九八〇年代に入ると、精神科医斎藤学を中心として、あらゆる職種を巻き込んだ病院から地域へというアディクション援助の波が生まれた。多くの自助グループが誕生し、全国にその波は広がっていった。私も、そして著者もそのムーブメントの中にある時期身を置いたのである。

一九八〇年代から一九九〇年代にかけてのあの時代は何だったのだろう。当事者という言葉こそ使用されなかったが、依存症者と専門家集団が対等に向き合い、アダルト・チルドレンや共依存という言葉が人口に膾炙し、本書も誕生した。

アディクションカルチャーともいうべき独特の世界が生まれたあの時代をもういちど振り返ってみる必要があるのかもしれない。その点で、本書の文庫化は時宜を得たものだろう。遅すぎたという意見もあるだろうが、やはり今でよかったと思う。

おわりに

冒頭で私が「バイブル」と書いた理由が納得していただけただろうか。私個人の思索の歩みにとって本書はなくてはならない存在だった。

手元にある初版本は付箋とマーカーだらけである。そんな本書が文庫化されることで、もっと多くの人に読まれることは我がことのようにうれしい。ギデンズとベイトソンをめぐる自己とアディクションとの考察は、アディクションに関心のある方だけでなく、社会学や哲学の視点からも刺激的な内容だろう。

ある時期同じ空気を吸ったはずのひとりとして、著者の代表作のひとつともいえる本書の解説を書けたことは名誉なことだと思う。まるでこの三十年の歩みを振り返るようにして解説を書けたことは、私にとってこの上ない機会となった。多くの人に本書が読まれることを心から祈っている。

二〇二四年九月

（のぶた・さよこ　原宿カウンセリングセンター顧問）

本書は、一九九六年三月二十五日、日本評論社より刊行された。
文庫化にあたって、増補・改訂を行った。

ちくま学芸文庫

増補《ぞうほ》　アルコホリズムの社会学《しゃかいがく》　アディクションと近代《きんだい》

二〇二四年十一月十日　第一刷発行

著　者　野口裕二（のぐち・ゆうじ）

発行者　増田健史

発行所　株式会社　筑摩書房

東京都台東区蔵前二―五―三　〒一一一―八七五五

電話番号　〇三―五六八七―二六〇一（代表）

装幀者　安野光雅

印刷所　中央精版印刷株式会社

製本所　中央精版印刷株式会社

ISBN978-4-480-51273-4 C0136